Rainer Orth

Werner von Rheinbaben und die Außenpolitik der Weimarer Republik

Diplomica® Verlag GmbH

Orth, Rainer: Werner von Rheinbaben und die Außenpolitik der Weimarer Republik, Hamburg, Diplomica Verlag GmbH 2009

ISBN: 978-3-8366-7524-6
Druck Diplomica® Verlag GmbH, Hamburg, 2009

Bibliografische Information der Deutschen Bibliothek
Die Deutsche Bibliothek verzeichnet diese Publikation in der Deutschen
Nationalbibliografie;
detaillierte bibliografische Daten sind im Internet über
<http://dnb.ddb.de> abrufbar.

Inhaltsverzeichnis

Einleitung

Mit Blick auf die soziale Zusammensetzung des diplomatischen Korps des Deutschen Reiches ist vielfach von der Auswärtigen Politik als einer „Adelsdomäne" gesprochen worden. Und tatsächlich, einer der ersten Aspekte, die dem Betrachter ins Auge stechen, der nach Kontinuitätslinien zwischen den unterschiedlichen Formen deutscher Staatlichkeit in der ersten Hälfte des 20. Jahrhunderts sucht, ist das außerordentlich hohe Maß an sozialer Homogenität, das die höhere Mitarbeiterschaft des Auswärtigen Amtes in der Berliner Wilhelm-Straße in dieser Zeit kennzeichnete: Ungeachtet aller politischen Umwälzungen, die das Reich in den ersten fünf Jahrzehnten des Säkulums durchmachte, die Wahrnehmung der außenpolitischen Geschäfte blieb immer das beinahe selbstverständliche Vorrecht der Herren „von" und „zu".[1]

Die Männer mit dem „blauen Blut" und den klangvollen Namen bildeten stets das unverzichtbare Rückgrat, das das außenpolitische Getriebe zusammenhielt – egal ob das Reich gerade als halbautokratische Monarchie (wie unter Wilhelm II.), als demokratische Republik (wie in den 1920er Jahren) oder als totalitär-anarchistischer Führerstaat existierte (wie in den 1930er und 1940er Jahren). Dank ihrer „gut verschanzten Positionen" im Apparat der Wilhelmstraße, waren die Adeligen für seinen reibungslosen Betrieb praktisch „unentbehrlich".[2]

Dementsprechend tauchen Namen, wie von Bülow, von Bismarck oder von Weizsäcker über alle Epochenzäsuren hinweg zu praktisch jeder Zeit in den Namensregistern des Auswärtigen Amtes auf.

Ein prominenter Vertreter dieses außenpolitischen Establishments, der in allen drei Inkarnationen des Deutschen Reiches diplomatisch tätig war, war der ehemalige Marineoffizier und Legationssekretär Werner von Rheinbaben. Als außenpolitischer Sprecher seiner Partei – der von Gustav Stresemann geführten Deutschen Volkspartei (DVP) – im Berliner Reichstag, als Vertreter seiner Fraktion im Auswärtigen Ausschuss des Parlaments, und als Mitglied der deutschen Delegationen beim Völkerbund in Genf zwischen 1926 und 1933, und bei der Genfer Abrüstungskonferenz der Jahre 1932 und 1933 avancierte von Rheinbaben in der Weimarer Zeit zu einem der maßgeblichen Außenpolitiker des Reiches.[3]

---

[1] Stellvertretend hierfür, siehe etwa: Fischer: *Bündnis der Eliten. Zur Kontinuität der Machtstrukturen in Deutschland 1871-1945*, Düsseldorf 1979.
[2] Haffner: *Anmerkungen zu Hitler*, S. 67.
[3] Beleg hierfür ist schon allein der Umstand, dass Rheinbaben 1919 von der Führung der DVP damit beauftragt wurde, das offizielle außenpolitische Programm seiner Partei zu verfassen (Siehe Wright: *Stresemann*, S. 555) das noch im selben Jahr von den zuständigen Parteigremien gebilligt und angenommen wurde. Bis zum Verbot der DVP 1933 blieb es die Richtschnur der Volkspartei bei der Festlegung ihrer außenpolitischen Linie. Die

Das Anliegen der vorliegenden Studie ist es nun, sein außenpolitisches Wirken in den Jahren 1925/1926 bis 1933 genauer in den Blick zu nehmen. Das Augenmerk gilt dabei in erster Linie Rheinbabens außenpolitischem Streben auf theoretischer Ebene, also den Ideen, Vorstellungen und Anschauungen, denen er in diesen Jahren anhing sowie den von ihm verfolgten Plänen und Zielen.

Seiner praktische Tätigkeit auf den außenpolitischen Bühnen von Berlin und Genf in ihrer stückwerkhaften Tagesroutine soll demgegenüber eine nur mehr untergeordnete Rolle eingeräumt werden.

Die Darstellung von Rheinbabens außenpolitischer Gedankenwelt orientiert sich im Nachfolgenden in erster Linie an den bestimmenden Themenfeldern der deutschen Auswärtigen Politik jener Jahre: Das Streben nach einer Revision der Versailler Vertragsbestimmungen von 1919 und dem Wiederaufstieg des Reiches in den Rang einer Großmacht, dann, die bilateralen Beziehungen des Reiches zu seinen wichtigsten Nachbarn (Frankreich, Großbritannien, Polen und der Sowjetunion) und seine Rollenfindung in der neuartigen Institution des Völkerbundes sowie schließlich die Konflikte, die sich um die Frage der Auf- bzw. Abrüstungspolitik entsponnen.

Um die Gedankenwelt Rheinbabens besser verstehen, und in ihren Sinnzusammenhängen begreifen, zu können, wird Abschnitt I.2. eine kurze biografische Skizze bieten, die den Lebenshintergrund nachzeichnet, vor dem er als Außenpolitiker agierte. Während ihn die Erfahrungen in den Jahren 1878 bis 1919 sozusagen geistig vorprägten, also bestimmte Denk- und Wahrnehmungsmuster in ihm dispositionierten, ohne die auch sein Handeln und Urteilen in zahlreichen außenpolitischen Fragen kaum verständlich ist, stellen die Ereignisse der späteren Jahre – in die seine aktive Politikerzeit fällt – Einflüsse dar, die schon aufgrund der Unmittelbarkeit mit der sie auf ihn einwirkten nicht unerwähnt bleiben dürfen.

Um der, sich aus der Natur dieser Studie – die ja auf die Wiederzutageförderung der subjektiven Sichtweisen einer einzelnen Person abhebt – ergebenden Gefahr einer

---

Bedeutung der außenpolitischen Haltung der DVP wird wiederum aus der Tatsache ersichtlich, dass sie während der knapp vierzehn Jahre der Republik von Weimar mit Gustav Stresemann (1923 bis 1929) und Julius Curtius (1929-1931) acht Jahre lang den Außenminister stellte.
Als Belege für Rheinbabens herausragende Stellung als Außenpolitiker in den 1920er Jahren seien hier stellvertretend Urteile von Harry Graf Kessler (Kessler: *Tagebücher*, S. 232: „Er war [...] über viele Jahre hinweg in Fragen der Außenpolitik die führende Stimme der Partei."), Hans Fürstenberg (Fürstenberg: *Mein Weg als Bankier*, S. 269: „dieser hochbegabte Mann"), Wolfgang Stresemann (W. Stresemann: *Vater*, S. 229: „Zweifellos dank Fleiß und Begabung ein außenpolitischer Experte von Rang."), Guido Müller (Müller: *Europäische Gesellschaftsbeziehungen nach dem Ersten Weltkrieg*, S. 348: „namenhafter Außenpolitiker") und Hermann Rauschning (Rauschning: *Destruction*, S. 100: „a prominent German Democrat") wiedergegeben. Die Zeitung *Grenzland Schlesien* attestierte ihm in ihrer Ausgabe vom 19. November 1928 einen „hervorragenden Sachverstand in außenpolitischen und wirtschaftspolitischen Fragen". Das Auswärtige Amt sah ihn noch 1930 (neben Brüning und Scholz) als einen „führenden Abgeordneten" (Aktenvermerk vom 5. März 1930. AdAA 4483/E096 058-60).

„perspektivischen Verengung" vorzubeugen, soll ihr analytischer Horizont dadurch erweitert werden, dass Rheinbabens Blickpunkte beständig in einen größeren Gesamtkontext eingereiht werden. Als Mittel zu diesem Zweck soll die beständige Einbettung von Rheinbabens Anschauungen und Deutungen in den Chor der Meinungen seiner Zeitgenossen und der Urteile von nachbetrachtenden Forschern dienen.

Seine Ideen, Standpunkte und Ziele sollen schließlich, auf der Grundlage dieser kontrastiven „Gegenzeichnung", auf ihren Realismus und ihre Tragfähigkeit hin überprüft werden.

Die chronologischen Eckpunkte dieser Studie, 1925/1926 und 1933, ergeben sich dabei geradezu von selbst: Die Jahre 1925/1926 markieren, mit dem Abschluss des Vertrages von Locarno und dem Eintritt Deutschlands in den Genfer Völkerbund, faktisch nichts anderes als das Heraustreten des Reiches aus der Isolation.[4] Sein Dasein als europäischer Paria, das es in den ersten Jahren nach dem Ende des Ersten Weltkrieges gefristet hatte, findet mit diesen Schritten ein Ende. Mit der Rückkehr in das „Konzert der europäischen Großmächte" beginnt gerade für Rheinbabens außenpolitisches Wirken die interessanteste Zeit: Während seine Gedanken zur Außenpolitik in den vorangegangenen Jahren im Großen und Ganzen nichts weiter waren als „Theoretereien" ohne eine Möglichkeit zu ihrer Verwirklichung, erhalten seine Gedanken ab 1925/1926 eine ganz neue Qualität, da sie nun mit Blick auf ein völlig gewandeltes Maß an Realisierbarkeit gedacht werden.

Das Jahr 1933 ist eine noch einfacher zu begründende Zäsur: Mit Rheinbabens Entlassung aus dem diplomatischen Dienst, gemäß Artikel §6 des nationalsozialistischen „Gesetzes zur Wiedereinführung des Berufsbeamtentums", unmittelbar nach dem deutschen Austritt aus dem Völkerbund im Oktober 1933, endet seine Tätigkeit im Umfeld der Schaltstellen der deutschen Außenpolitik. Da er fortan nur noch als Privatdiplomat tätig ist, und somit keinen Hebel mehr in er Hand hat, um die Gestaltung der internationalen Beziehungen in seinem Sinne zu beeinflussen, sind seine Ansichten zu den außenpolitischen Ereignissen der anbrechenden Jahre meist ohne Folgen, und daher an dieser Stelle nur von untergeordnetem Interesse.

---

[4] In *Aufbau*, S. 75 urteilt Rheinbaben selbst: „Bis 1923 gab es ja so gut wie keine deutsche Außenpolitik."

I.1. Quellenlage, methodische Schwierigkeiten und Bewertungsdilemmata

Das politische Wirken Rheinbabens hat in der historischen Forschung bislang nur wenig Beachtung gefunden: Dies spiegelt sich darin wider, dass Monographien und Aufsätze die sich seiner Person oder einzelnen Aspekten seines Denkens und Handelns widmen völlig fehlen.[5]

Die Hauptgrundlage der vorliegenden Studie bilden daher einerseits Rheinbabens Nachlass, der in zwei Teilen in der Koblenzer Zweigstelle des Bundesarchivs und im politischen Archiv des Auswärtigen Amtes in Berlin lagert,[6] und zum zweiten die zahlreichen Werke, die er zwischen 1919 und 1969 veröffentlichte.

Um die monoperspektivische Sicht, die sich am Ende der Rekonstruktion der Gedanken- und Wahrnehmungswelt einer Einzelperson unweigerlich ergibt, nachträglich von möglichen Irrtümern und Verzerrungen frei machen zu können sind noch verschiedene andere Materialien herangezogen worden: Einmal die Serien B und C der offiziellen Quelleneditionen der „Akten zur deutschen Auswärtigen Politik", die die Dokumente des Auswärtigen Amtes aus den Jahren 1925 bis 1935 abdecken sowie eine Reihe von Buchpublikationen. Zu diesen zählen verschiedene Erinnerungsbücher anderer relevanter Akteure und Zeugen, die in dem hier interessierenden Zeitraum an entscheidender Stelle politisch wirken oder beobachten konnten. Dann diverse publizistische Erzeugnisse von Journalisten, Kommentatoren u.ä. aus der betreffenden Zeit selbst, und schließlich historische Fachpublikationen, die sich um eine nachträgliche Deutung und Bewertung der fraglichen Ereignisse und Sinnzusammenhänge bemühen.

---

[5] Dieser Zustand überrascht angesichts von Rheinbabens zeitweise exponierter Stellung als ranghohes Regierungsmitglied und Diplomat. Dennoch: Eine breit angelegte Recherche im *KVK*, bei *Jstor*, in den *Historical Abstracts* u.a. hat keinerlei Arbeiten eruieren können, die Rheinbaben in den Mittelpunkt ihrer Betrachtung stellen. Die mündliche Auskunft des zuständigen Archivars im Bundesarchiv Koblenz vom 3. Januar 2008, dass Rheinbabens Nachlass seines Wissens seit der Einlagerung 1976 unbearbeitet geblieben sei, spricht um so mehr für diesen Eindruck. Die Sekundärliteratur beschränkt sich *ante datum* lediglich auf einige Rezensionen der von ihm verfasste Schriften sowie einige Lexika- und Enzyklopädieeinträge (die ebenfalls keine Monographien und Aufsätze zu nennen wissen).

[6] Rheinbabens Nachlass ist wie folgt aufgeteilt: Während das BAK mit einem als „NL 1237" gekennzeichneten, elf Ordner, mit einem Gesamtumfang von einem halben Regalmeter, umfassenden Materialbestand, den weitaus größten Teil der verbliebenen Unterlagen behaust, findet sich im Politischen Archiv des Auswärtigen Amtes (PadAA) in Berlin lediglich ein dünnes „Supplement" von 41 Dokumenten, das offiziell ebenfalls als „Nachlass" gekennzeichnet ist. Weitere Archivalien, die als für den Zeitraum dieser Arbeit unerheblich ausgeklammert wurden, sind Rheinbabens Personalakte im Auswärtigen Amt sowie einige Unterlagen im BAMA in Freiburg (zwei als „MSg 1/844" und „MSg 1/845" gekennzeichnete Manuskripte sowie ein „Album zum Besuch einer chinesischen Marinekommission in Stettin und Hamburg, 1910"). Bei den Unterlagen des BAMA ergibt sich dies aus ihrem Entstehungszeitraum (vor 1911), auf die Sichtung der Personalunterlagen des PadAA wurde nach einer Email-Rücksprache mit dem dortigen Archivar Dr. Martin Krögers am 6. Februar 2008 verzichtet, in der dieser mitteilte: „Die bis 1944 reichenden Personalunterlagen berühren Rheinbabens Tätigkeit beim Völkerbund tatsächlich nicht."

Mit Blick auf Rheinbabens Nachlässe ist es erforderlich auf drei Umstände hinzuweisen: Zunächst handelt es sich bei diesen um „R e s t-Nachlässe" (so die offizielle Kennzeichnung des BAK und in der NDB), was naturgemäß verschiedene Fragen aufwirft: Welche Teile des ursprünglich vorhandenen Materials sind nicht mehr vorhanden? Unter welchen Umständen sind sie verloren gegangen? Und aus welchen Gründen, sind sie verloren gegangen, oder – ärgsten Falls – welche Motive hatten die vorsätzlichen „Vernichter" und „Beiseiteschaffer" (wenn es sie gab), diese Unterlagen der Nachwelt vorzuenthalten? Doktor Reiser vom BAK bemerkt im Findbuch zu Rheinbabens dortigen Nachlass, Rheinbabens Witwe habe dem Bundesarchiv gegenüber 1976 die Auskunft erteilt, „ein Großteil der Papiere (habe) den Krieg nicht überdauert und Rheinbaben selbst Teile der Unterlagen aus der Nachkriegszeit (z.B. Verlagskorrespondenzen) vernichtet."[7]

Grundsätzlich scheinen drei Motive bzw. Ereigniszusammenhänge denkbar, die zur Vernichtung von – aus Forschersicht – besonders interessantem Material in Rheinbabens Besitz geführt haben mögen: Einmal ist es nicht aus der Luft gegriffen, anzunehmen dass die Ereignisse der Jahre 1933/1934 – in denen immerhin einige Personen seines engeren Umfeldes, wie sein politischer und privater Freund und Wegbegleiter Kurt von Schleicher oder der Gatte seiner Cousine,[8] gewaltsam ums Leben kamen – Rheinbaben dazu bewogen haben, sich gewisser Dokumente aus seinem Privatbesitz zu entledigen. Gerade Unterlagen aus der „Systemzeit" wären, wenn sie bei ihm gefunden worden wären, in der Wertung der neuen Machthaber potentiell inkriminierend gewesen.[9] Die Möglichkeit, dass durch „Kriegseinwirkungen"[10] Material in seinem Haus in Dahlem vernichtet oder entwendet wurde, ist ebenfalls nicht ausgeschlossen. Nicht zuletzt muss die Möglichkeit ins Auge gefasst werden, dass Rheinbaben im Angesicht der Kriegsniederlage – oder in späteren Jahren – selbst Hand an die in seinem Besitz befindlichen Unterlagen angelegt haben könnte. Motiv_zu

---

[7] Koblenzer Findbuch, S. iv.
[8] NDB, Bd. 21, S. 487.
[9] Die Ermordung von Herbert von Bose und Erich Klausener während der „Nacht der langen Messer" 1934 bewies für jedermann sichtbar, dass selbst hohe Ministerialbeamte von den Exekutoren des NS-Terrors nicht als unantastbar angesehen wurden, und dass man ihnen daher besser keinen Anlass zum „Zuschlagen-Müssen" geben sollte. Dass sich diese Bereitschaft zum politischen Mord auch auf Diplomaten erstreckte, zeigt der Umstand, dass der Außenstaatssekretär von Bülow während der 1934er Ereignisse nur durch die Intervention Görings – nachträglich – von den Proskriptionslisten gestrichen wurde, an denen sich die SS-Rollkommandos bei ihrer Liquidierungstätigkeit orientierten. Die Ermordung von Wilhelm Freiherr von Ketteler, eines jungkonservativen Mitarbeiters des damaligen deutschen Sondergesandten in Österreich, Franz von Papen, den Agenten von Heydrichs SD in seiner Badewanne ertränkten, 1938 (siehe Fabian von Schlabrendorff: *Offiziere gegen Hitler*, 1946, S. 25) mag in höheren Diplomatenkreisen weiteren Anlass zur – begründeten – Angst um das eigene Leben gegeben haben. (Zum aktuellen Forschungsstand in der Frage des Mordfall Ketteler siehe Lutz Hachmeister: *Der Gegnerforscher. Die Karriere des SS-Führers Franz Alfred Six*, München 1998, S. 10-20.)
[10] Vorstellbar sind etwa Zerstörungen infolge von Luftbombardements und Plünderungen und/oder Zerstörungen durch Rotarmisten oder andere Personen, die im Gefolge der Not und der Wirrnisse der ersten Wochen nach der deutschen Kapitulation, auf der Suche nach Nahrung, Wertgegenständen u.ä. mehr nicht zuletzt auch die Berliner Villenviertel heimsuchten.

diesem Schritt könnte der Wunsch gewesen sein, Dokumente, die ihn in den Augen der

Kriegssieger belastet, oder gemäß den grundlegend gewandelten Wertmaßstäben der

öffentlichen Meinung und politischen Führung im Nachkriegsdeutschland, kompromittiert

hätten, zu entsorgen.[11]

Rheinbabens für die Öffentlichkeit bestimmten Schriften lassen sich in drei, jeweils deutlich

voneinander geschiedene, Einheiten unterteilen. Einmal die Schriften aus den Jahren 1927 bis

1933, dann die Werke aus den Jahren 1939 bis 1942 und schließlich die Werke aus der Zeit

nach 1945. In den Werken von vor 1933 begegnet Rheinbaben dem Leser als ein gemäßigter

Rechtskonservativer, der seine monarchistischen Vorlieben nicht verhüllt, sich jedoch aus

Pragmatismus und Realitätssinn mit der Republik arrangiert hat, und als „Stresemannianer"[12]

versucht zu ihrem Wohle und Fortschritt beizutragen. Die Werke der Zeit des Zweiten

Weltkrieges atmen dann einen deutlich anderen Geist. Nur wenig an ihnen lässt noch den

maßvollen Mann der 20er Jahre erkennen: Im Ganzen bewertet tut man diesen Werken kein

Unrecht, wenn man sie als Propagandawerke der fragwürdigeren Art abqualifiziert.[13] Dass

Rheinbabens schriftstellerische Betätigung, die 1933 abrupt geendet hatte, fünf Jahre später

---

[11] Denkbar wären hier zunächst die Beseitigung von Belegen für eine – möglicherweise weiter als allgemein
bekannt reichende – Verstrickung in das NS-Regime. Des weiteren wären Aufzeichnungen Rheinbabens oder
Mitteilungen an ihn aus der Weimarer Zeit, die sich mit pikanten Fragen, wie der heimlichen Wiederaufrüstung
der Reichswehr in den 1920ern (oder sonstigen begangenen Brüchen deutscher Vertragsverpflichtungen) oder
mit anderen delikaten politischen Angelegenheiten befasst haben könnten, nicht außerhalb des Bereiches des
Vorstellbaren. Wenn sie Beweise dafür geliefert hätten, dass solche Vertragsbrüche oder „Machenschaften" der
Weimarer Politikmacher mit seinem Wissen, oder gar seiner Unterstützung, betrieben wurden, wäre dies, aus
seiner Warte, ein äußerst triftiger Grund gewesen, sie aus der Welt zu schaffen. Denkschriften oder Briefwechsel
über eine für die Zukunft – nach einer, auf dem Weg der friedlichen Revision erreichten, Wiedererstarkung – ins
Auge gefasste kriegerische Revision der deutschen Grenzen, oder gar einer Rückkehr zum imperialistischen
Kurs und der Gewaltpolitik der Kaiserzeit, wären in der Zeit nach 1945 das wohl schlimmst mögliche Stigma
gewesen, hätten sie doch, die politisch zwar gescheiterten aber ethisch weithin geachteten Politiker der
Weimarer Zeit in ein übles Licht gerückt. Anstatt als leuchtender Kontrast zu den Vertretern der kaiserlichen,
und vor allem der nationalsozialistischen, Gewaltpolitik, zu gelten – die sich nicht wie jene fragwürdiger
Erpresser- und Bajonettmethoden bedienten, sondern mit friedlichen, also achtenswerten, Mitteln ihre Ziele zu
erreichen suchten – wäre die nachträgliche Bewertung dann eventuell ins Negative umgeschlagen und hätte aus
den „guten Männern von Weimar" verhinderte Friedensstörer gemacht. Siehe hierzu vor allem die im weiteren
vertiefte Frage, ob die Stresemann'sche Politik den ehrlichen Wünschen und Zielen des Außenministers
entsprach, oder ob sie „nur" eine taktische Verstellung, ein großes Täuschungsmanöver zur Irreführung der
vorerst stärkeren europäischen Nachbarn gewesen ist, dem insgeheim immer der Plan einer späteren Wendung
gegen die vermeintlichen Partner zugrunde lag.
[12] Diese Selbst-Bezeichnung gebraucht Rheinbaben von den 1920er Jahren an bis zu seinem Tod sehr häufig. In
der Nachkriegszeit benutzt er die Wendung etwa in einer Mitteilung an Adenauer vom 21. Februar 1964 (BAK/
NL 01).
[13] Mit Blick auf die verbal stramm nationalsozialistische Tendenz in Rheinbabens Büchern aus den Jahren des
Zweiten Weltkrieges erscheint ein Urteil aus Rauschnings – sonst in vielerlei Hinsicht äußerst problematischen
(siehe dazu Fußnote 38) – Buch *Makers of Destruction* von 1942 höchst treffend: "At a time when the more
responsible elements among the new men in power were beginning to get abreast of their duties and to adjust
their political ideas to realities, it was precisely the men of the old governing party, the democrats and other firm
supporters of the Weimar system, who, in their panic fear of being shut out under the new regime, threw
themselves into the arms of the Nazi extremists, showing readiness to go even further than the 'wild men' in
order to give clear evidence of their national spirit. It was these elements that interfered with the hoped-for
maturing of Nazism and actually promoted its radicalization." In anderem Zusammenhang könnte man
Rauschnings Äußerung übrigens geradezu als eine verblüffend frühe (1942) Vorwegnahme der
„extensionalistischen These" der Holocaust-Forschung sehen.

wieder einsetzt, just ein Jahr, nachdem er 1937 der NSDAP beigetreten ist, mag ein Zufall sein, gibt jedoch zu denken. Dass fast alle Veröffentlichungen Rheinbabens aus den Jahren 1939 bis 1942 beim berüchtigten Junker-Verlag erschienen, bekräftigt diesen Eindruck noch weiter. Die inhaltliche Lektüre lässt schließlich an der propagandistischen Tendenz der besagten Bücher keinen Zweifel mehr.[14]

So stellt sich die Frage inwieweit die in den Werken der Jahre 1939 bis 1942 enthaltenen Stellungnahmen zu den Ereignissen der Jahre 1925/26 bis 1933 verwertbar sind: Hat Rheinbaben diese Bücher aus wirklicher innerer Überzeugung geschrieben? Entsprechen die dort gemachten Aussagen also authentisch seiner Gedankenwelt? Und wenn ja, entsprechen sie nur der Gedankenwelt der Nazijahre oder enthüllt er hier seine Gedanken der Weimarer Zeit, die er damals jedoch (noch) nicht öffentlich auszusprechen wagte? Oder handelt es sich bei diesen Werken lediglich um Auftragsarbeiten, die der Notwendigkeit entstammten, irgendwie seinen Lebensunterhalt zu verdienen? Hat er dann nur seinen Lohnzahlern nach dem Munde geschrieben, ohne sich ihre Auffassungen innerlich zu eigen zu machen? Oder stellen diese Bücher den Versuch eines politischen Opportunisten dar, bei den neuen Machthabern zu antichambrieren, in der Hoffnung, so politisch wieder aufzusteigen?

Zu den Werken vor 1933 und nach 1945 lassen sich ebenfalls einige Fragen aufwerfen: Sie entstammen zwar Zeiten nahezu uneingeschränkter Presse- und Meinungsfreiheit, so dass einer ungefilterten Äußerung der inneren Anschauungen nichts Zwingendes im Wege stand. Es ist aber natürlich möglich, dass der Weimarer Politiker, mit Blick auf seine langfristigen Pläne und Strategien, aus taktischer Erwägung vieles, was er dachte, verschwieg, anderes verkleidete, oder auch einfach etwas anderes schrieb als er dachte. Für Politiker und Diplomaten wäre dies zumindest nichts völlig untypisches. Nicht umsonst definiert Ambrose Bierce Diplomatie als „die patriotische Kunst für sein Vaterland zu lügen."[15] Dass der

---

[14] So wird der „großdeutsche Befreiungskrieg" beschworen, werden angeblich „objektive Beweise" für die britische Schuld am Kriegsausbruch 1939 „erbracht", wird die Zeit von 1919 bis 1939 als „verwirrtes Zwischenspiel" geschmäht (*Befreiungskrieg*, S. 9), vom „Zeitalter demokratisch-plutokratischer Vorherrschaft", das „vorüber sei", räsoniert (*Befreiungskrieg*, S. 122), und werden massenhaft Anleihen im völkischen Jargon gemacht („art- und rasseverwandt", „zersetzende Elemente").
In „Die Entstehung des Krieges 1939" von 1940 behauptet Rheinbaben sogar, dass nach einem Vortrag in Uppsala Ende 1939, in dem er vor einem schwedischen Publikum über die Ursachen des Kriegsausbruchs sprach, einige vor dem Krieg im Osten geflohene Polinnen, die seinem Vortrag beigewohnt hätten, zu ihm gekommen seien, und dem in seinem Vortrag gefällten Urteil der „englischen Schuld am Krieg" mit den Worten „Der Redner hat recht – England ist an allem schuld." zugestimmt hätten (*Entstehung des Krieges*, S. 5). Henry S. Block/ William Orville Douglas (Block/ Orville: *Symposium on World Organisation*, 1946, S. 936), bewerten das Buch folgerichtig als "a general Nazi interpretation".
[15] So finden sich in Akte 7 seines Nachlasses mehr als 200 Rezensionen zu seinem Buch „Von Versailles zur Freiheit" von 1927, unter anderem aus englischen, französischen, polnischen und skandinavischen Zeitungen. Insbesondere bei den fremdsprachigen Übersetzungen des Buches liegt es daher nahe, dass sie nicht nur die „Essenz" der eigenen Gedanken wiedergaben, sondern auch darauf abgerichtet waren, einen bestimmten Effekt beim Leser zu erzielen, sprich sie im Sinne des Verfassers zu beeinflussen. Zu Bierce Aphorismus siehe sein *Wörterbuch des Teufels*.

Memoirenschreiber zum Zwecke der Rechtfertigung der eigenen Person häufig dazu neigt, manchen Gedankeninhalt, den er zu einer bestimmten Zeit hatte, zu verheimlichen oder auch, sich selbst für eine bestimmte frühere Zeit manchen Gedanken zuschreibt, den er realiter damals gar nicht hatte, ist auch nichts ungewöhnliches. Insbesondere muss der Drang zur „nachträglichen Prophetie" beachtet werden: Sind bestimmte Erkenntnisse und Einsichten, die Rheinbaben nach 1945 sich für die Jahre 1925 bis 1933 zuschreibt, damals tatsächlich schon vorhanden gewesen oder handelt es sich bei ihnen um nachträgliche Hinzufügungen? Erörterungen rückschauender Politiker, „was in der damaligen Situation der einzig richtige Weg gewesen wäre", der „natürlich" eingeschlagen worden wäre, „wenn es nach mir gegangen wäre" müssen im Allgemeinen mit großer Skepsis betrachtet werden. So auch hier. Zumal, wenn sie sich nur in Schriften finden, die in der Retrospektive geschrieben wurden, ohne dass ein komplementärer Beleg aus der fraglichen Zeit selbst vorhanden wäre, aus dem hervorgeht, dass die Ideen und Erkenntnisse, die der Betreffende *ex post* für sich beansprucht, ihm tatsächlich bereits damals durch den Kopf gingen.

Um die, in Rheinbabens schriftlichen Veröffentlichungen enthaltenen Äußerungen daraufhin überprüfen zu können, ob sie wirklich seiner inneren Auffassung zu der hier interessierenden Zeit entsprachen, wird versucht, sie, wo dies nur irgend möglich ist, durch Nachlassunterlagen oder andere Quellen zu verifizieren oder zu widerlegen.

I.2. Biografischer Abriss

Werner von Rheinbaben wurde 1878 als Spross eines schlesischen Uradelsgeschlechtes in Schmiedeberg im Riesengebirge geboren. Sein Vater Hans von Rheinbaben erreichte als Jurist das Amt eines Landgerichtspräsidenten. Die weitere Verwandtschaft umfasste unter anderem den Politiker Georg Freiherr von Rheinbaben – der zwischen 1899 und 1911 als preußischer Finanz- bzw. Innenminister amtierte, und 1909 in den engeren Kreis der Kandidaten für die Nachfolge Bernhard von Bülows als Reichskanzler zählte, die dann Theobald von Bethmann Hollweg zufiel[16] – und dessen Sohn Rochus Freiherr von Rheinbaben, der erstmals als Jurist durch ein Werk über die chinesische Verfassung auffiel[17] und in den zwanziger Jahren mit einer Reihe politischer Schriften, darunter 1926 der „Aufruf an den Adel" und 1928 die erste Biografie Gustav Stresemanns, sowie als Führer der pro-republikanischen Berliner Intellektuellengruppe „Front 1929" zu einer Person des öffentlichen Lebens wurde.[18] Ferner sind zu nennen: der Großgrundbesitzer und SS-Offizier Anton von Hohberg und Buchwald, der Ehemann von Rheinbabens Cousine Gretel von Rheinbaben, der im Zuge eines Machtkampfes mit dem SS-Führer von Ostpreußen Erich von dem Bach-Zelewski der Mordwelle des 30. Juni 1934 zum Opfer fiel[19], und der pazifistische Schriftsteller und SPD-Politiker Helmuth von Gerlach.[20] Von besonderer Bedeutung für die Nazizeit wurde Rheinbabens Schwiegermutter, Viktoria von Dirksen, die in der Hitler-Partei als „Mutter der Revolution" galt.[21]

---

[16] Rheinbaben: *Kaiser*, S. 76f.. Der junge Stresemann scheint übrigens schon mit dem Finanzminister von Rheinbaben politisch sympathisiert zu haben (Vgl. seine positive Notierung über Georgs von Rheinbabens Haltung zu einer Steuerfrage in: Stresemann: *Zeitfragen*, S. 204).

[17] Rochus Freiherr von Rheinbaben: *Chinesische Verfassung 1900-1917. Eine Studie*, Berlin 1917.

[18] Zu Rochus Rheinbabens Stresemann-Biografie, siehe: R. von Rheinbaben: *Stresemann. Der Mensch und der Staatsmann. Die Biographie, an der er selbst noch mitgewirkt hat*, Dresden 1930. Zur Front 1929 vgl. Turner Jr.: *Vernunft*, S. 241.

[19] Siehe Fußnote 8.

[20] Ebd.

[21] Werner Maser: *Hitler. Mythos, Legende, Wirklichkeit*, München 1971, S. 311. Dirksen, geborene von Laffert, war in ihrer ersten Ehe, aus der Rheinbabens Gattin Lisa stammte, mit dem Gutsbesitzer von Paleske verheiratet gewesen. 1918 heiratete sie in zweiter Ehe den Diplomaten Willibald von Dirksen, ihr Stiefsohn wurde so der Rheinbaben nahestehende Botschafter in Moskau und London Herbert von Dirksen. Ihre Bedeutung im NS-Staat wird ersichtlich, wenn man den von Carl Jacob Burckhardt überlieferten Umstand beachtet, dass Dirksen, neben Forster, die einzige Person war, die das Privileg genoss, „bis in die Privatgemächer des Führers vorzudringen" (Carl Jacob Burckhardt: *Gesammelte Werke*, 1971, S. 395). Dirksen privilegierte Stellung im Umfeld des „Führers" beruhte vor allem darauf, dass sie Hitler in der „Kampfzeit" zahlreiche wichtige Kontakte (so etwa zum ehemaligen Kronprinzen) vermittelt und ihn mit großzügige finanziellen Zuwendungen unterstützt hatte. 1922 hatte sie dem bayerischen Provinzpolitiker die Gelegenheit verschafft, vor dem illustren Nationalen Club einen Vortrag zu halten und ihm so die „ersten entscheidenden Kontakte" zu den nationalen Kreisen Norddeutschlands vermittelt (Anna Maria Sigmund: *Frauen der Nazis*, S. 19). Besonders eng war daneben vor allem Dirksens Beziehung zu Goebbels, der zeitweise in ihrem Haus wohnte und dessen Ehe mit Magda Quandt sie mitvermittelte. In seinem Tagebuch notiert er über sie: „Sie ist mir wie eine Mutter" (Elke Fröhlich [Hrsg.]: *Die Tagebücher von Josef Goebbels*, Teil 1, Bd. 2/I., 2005, S. 82).

Nach dem Besuch mehrerer Gymnasien in Breslau, Berlin und Lübeck legte Rheinbaben 1895 das Abitur ab und trat als Kadett in die kaiserliche Marine ein: Dort wurde er nacheinander zum Leutnant (1898), Oberleutnant zur See (1901), Kapitänleutnant (1905) und Korvettenkapitän (1912) befördert. Als Seemann bereiste der junge Rheinbaben unter anderem den ozeanischen Raum, den indischen Subkontinent, die Küsten Afrikas und Amerikas und nicht zuletzt auch China, wohin er 1900 anlässlich des Ausbruchs des so genannten Boxeraufstandes entsandt wurde.[22] Außerdem erlangte Rheinbaben die Aufmerksamkeit des Staatssekretärs im Reichsmarineamt, Alfred von Tirpitzs, dessen Mitarbeiter und Protegé er wurde. Als Spross der herrschenden Schicht des Kaiserreiches kam er bereits früh in persönlichen Kontakt mit führenden Figuren des öffentlichen Lebens, wie dem Reichskanzler von Bülow und verschiedenen Ministern und nicht zuletzt mit der Kaiserfamilie selbst: Nachdem Rheinbaben bereits 1904 von Wilhelm II. zum „Begleiter" seines dritten Sohnes, Prinz Adalbert von Preußen, bestimmt worden war, lebte er zeitweise im Berliner Stadtschloss und war Mitglied der Hofgesellschaft. Erste Erfahrungen auf dem Feld der Diplomatie sammelte er in den Jahren der *Belle Époque* als Begleiter des Prinzen bei Auslandsreisen.[23]

Nach einer dreijährigen Tätigkeit im Reichsmarineamt in den Jahren 1908 bis 1911, wurde von Rheinbaben als Marineattaché an die deutsche Botschaft für Italien in Rom entsandt. Die ursprünglich von Tirpitz und dem Chef des kaiserlichen Marinekabinetts Müller ins Auge gefasste Entsendung an den ungleich wichtigeren Posten in London kam aufgrund der Intervention des ausscheidenden Londoner Attachés, Wilhelm Widenmann, nicht zustande.[24] In Rom fasste Rheinbaben – wahrscheinlich beeinflusst von seinem Vorgesetzten, Gottfried von Jagow, dem damaligen Botschafter und späteren Staatssekretär im Auswärtigen Amt (i.e.

---

[22] Rheinbaben: *Viermal*, S. 87. Da der Aufstand zum Zeitpunkt von Rheinbabens Eintreffen in China bereits niedergeschlagen war kam er nicht mehr zum aktiven Einsatz im Kampf gegen die Aufständischen. Stattdessen verbrachte er einige Wochen als persönlicher Gast des „Weltmarschalls" von Waldersee in dessen Palast in Peking.

[23] So besuchten die beiden beispielsweise – gemeinsam mit Rheinbabens damaligem Leutnant, dem späteren Staatssekretär im Auswärtigen Amt, Ernst Freiherr von Weizsäcker – während einer Asienreise im Jahr 1904 die „Verbotene Stadt" in Beijing, um der Kaiserin Witwe Cixi eine Grußbotschaft Wilhelms II. zu überbringen sowie den britischen Vizekönig von Indien, Curzon, und Lord Kitchener (*Viermal*, S. 88ff.). Den Kaiser, dessen Wohlwollen er genoss, traf Rheinbaben letztmalig während der Kieler Woche von 1914, kurz vor Ausbruch des Weltkrieges.

[24] Widenmann: *Attaché*, S. 219. Hier führt Widenmann aus, er habe den Kabinettchef „gewarnt da er [Rheinbaben] den Engländern nachlief statt sie auf sich zukommen zu lassen." Er, Widenmann, habe daher empfohlen von Rheinbabens Ernennung Abstand zu nehmen und stattdessen den gleichaltrigen Erich von Müller nach London zu entsenden. Zur Bewertung Widenmanns in der historischen Forschung siehe stellvertretend Gerhard Ritter: *Staatskunst und Kriegshandwerk*, 1965, S. 213, 223, 233 und passim. Symptomatisch für den fatalen Einfluss des Attachés auf die deutsch-britischen Beziehungen ist der während des Ersten Weltkrieges erschienene Sherlock-Holmes-Roman *The Last Bow* von A. C. Doyle, in dem Widenmann kaum verkleidet in der Figur des deutschen Spions von Bork auftritt (vgl. Nick Rennison: *Sherlock Holmes. The Unauthorized Biography*, 2006, S. 234.).

Außenminister)[25] – den Entschluss, die Marine zu verlassen und stattdessen als Zivildiplomat in den diplomatischen Dienst zu wechseln. In den Jahren 1913 bis 1919 nahm er Aufgaben im Auswärtigen Amt in Berlin sowie an verschiedenen deutschen Auslandsvertretungen wahr, so unter anderem an der deutschen Vertretung in Brüssel, wo er als Legationssekretär am Abend des 2. August 1914, zusammen mit dem Gesandten, das Ultimatum der Berliner Regierung an das belgische Außenministerium übergab das den Beginn des Ersten Weltkrieges im Westen markierte.[26]

Den weiteren Kriegsverlauf erlebte Rheinbaben an den deutschen Gesandtschaften in Bern, Zürich, Bukarest (wo er Zeuge des rumänischen Kriegseintritt auf Seiten der Entente wurde) und Kristiania sowie – als Legationssekretär im „Charakter als Legationsrat" (1916) – als Mitarbeiter im Auswärtigen Amt in Berlin, wo er unter anderem 1917/1918 die Aufgaben eines Pressesprechers übernahm.

Im September 1919 schied Rheinbaben aus dem Reichsdienst aus, um sich fortan als Berufspolitiker zu betätigen. Dem Eintritt in die Deutsche Volkspartei im Oktober 1919 folgte 1920 die Wahl in den Reichstag, dem er über vier Wahlperioden hinweg, bis 1930, als Abgeordneter des Wahlkreises Breslau angehörte. Neben seinen parlamentsinternen Funktionen als außenpolitischer Sprecher seiner Fraktion sowie als ihr Vertreter im Auswärtigen Ausschuss amtierte er von August bis Oktober 1923 in der Regierung Stresemann als „Chef der Reichskanzlei" sowie von 1926 bis 1933 als Mitglied der deutschen Delegation beim Völkerbund in Genf und bei der Genfer Abrüstungskonferenz 1932/1933. Zusätzliches politisches Profil konnte Rheinbaben in diesen Jahren durch diplomatische Emissärsmissionen gewinnen, bei denen er mit Politikern von Weltrang wie dem US-Präsidenten Calvin Coolidge, den er im Oval Office des Weißen Hauses besuchte, oder dem britischen Schatzkanzler Winston Churchill, den er im Londoner Finanzministerium aufsuchte, zusammentraf.[27]

Nach dem Tod Stresemanns im September 1929 wurde Rheinbaben von den deutschen Zeitungen – meist mit einem Anflug verhaltener Skepsis – als potentieller Anwärter für die Nachfolge Stresemanns im Amt des Außenministers gehandelt, das schließlich Curtius übertragen wurde.[28]

In der Ära der Präsidialkabinette Brüning, Papen und Schleicher in der Zeit vom März 1930 bis zum Januar 1933 konnte Rheinbaben durch seine Freundschaft mit Kurt von Schleicher,

[25] Giessler: *Institution*, S. 109.
[26] Rheinbaben: *Viermal*, S. 118.
[27] Rheinbaben: *Kaiser*, S. 241.
[28] *Hamburger 8. Uhr Abendblatt* vom 3. Oktober 1929, *Frankfurter Zeitung* vom 4. Oktober 1929, *Leipziger Volkszeitung* vom 5. Oktober 192.

der in dieser Phase als Vertrauensmann und engster Berater Hindenburgs, und zuletzt auch als Reichskanzler, der mächtigste Politiker Deutschlands war, erneut auf das Handeln der Regierung nehmen.[29] Seine Beziehung zu Schleicher ermöglichte es ihm mit Denkschriften und in persönlichen Gesprächen direkt auf die Reichsleitung einzuwirken. Auch wenn Rheinbaben damit zu den Personen zählte, die sich in der kritischen Umbruchsperiode 1932/1933 im innersten Arkanbereich der deutschen Politik aufhielten, darf sein Einfluss auf die dort getroffenen Entscheidungen nicht überschätzt werden. Man hörte sich seine Ideen bereitwillig an, setzte sie aber deswegen nicht auch zwangsläufig um: Schleicher lehnte beispielsweise den ihm von Rheinbaben um die Jahreswende 1932/1933 mehrfach unterbreitete Plan, der NSDAP durch eine rasche Folge von immer neuen Reichstagsauflösungen und Neuwahlen – die immer neue kostenintensive Wahlkämpfe erforderlich machen würden – den finanziellen Garaus zu bereiten, ab.[30]

Nach der nationalsozialistischen „Machtergreifung" wurde Rheinbaben am 14. Juli 1933 (mit Wirkung für September) gemäß Artikel 6 des „Gesetzes zur Wiedereinführung des Berufsbeamtentums" in den Ruhestand versetzt.[31]

Zwischen 1933 und 1944 folgte, neben der Tätigkeit in diversen Aufsichtsräten von Versicherungsunternehmen, eine ausgedehnte Tätigkeit als „Privatdiplomat" und Schriftsteller. In diese Zeit fallen zahlreiche Vortragsreisen im In- und Ausland, Zeitungs- und Zeitschriftenbeiträge sowie zahlreiche Besprechungen mit führenden Vertretern aus Politik, Diplomatie, Wirtschaft und den höheren gesellschaftlichen Kreise in verschiedenen europäischen Staaten.[32]

---

[29]Die Freundschaft zu Schleicher hatte ihre Wurzeln in der engen Zusammenarbeit beider Männer bei der Bewältigung der Staatskrise vom Herbst 1923 – in der beide Männer (Rheinbaben als Chef der Reichskanzlei, Schleicher als der rechten Hand des Reichswehrministers) als Scharniere zwischen der Reichskanzlei und dem Reichswehrministerium fungierten mit der Koordination der Maßnahmen beider Stellen betraut waren. Der Kontakt zwischen Rheinbaben und Schleicher blieb bis zu Schleichers Tod bestehen. Intensiviert wurde die Bande durch gemeinsame Freizeitgestaltung und vor allem durch die Freundschaft ihrer Ehefrauen. Die intime Nähe beider Männer geht beispielsweise aus einer Episode vom 13. August 1932 hervor: am Abend dieses Tages erlebte Rheinbaben mit, wie Schleicher – nervlich sichtlich mitgenommen – mit der Entscheidung rang, ob man Hitlers Forderung, ihn, Hitler, zum Kanzler eines Präsidialkabinetts zu ernennen nachgeben oder sich ihr widersetzen sollte, und sich schließlich gegen eine Berufung Hitlers entschied. (vgl. Udo Kissenkoetter: *Gregor Strasser und die NSDAP*, 1974, S. 145.)

[30]Rheinbaben: *Kaiser,* 1968, S. 281. Die Idee die hinter diesem Plan stand war die, die Hitler-Partei im Zuge dieser nicht abreißenden Serie von dich aufeinander folgenden teuren Wahlkämpfen allmählich finanziell „ausbluten" zu lassen, so dass sie irgendwann ökonomisch nicht mehr imstande wäre, effektiven Wahlkampf zu betreiben. Dies würde, so das Kalkül, bei irgendeiner dieser Wahlen zu einem Einbrechen ihrer Wahlergebnisse und damit auch zu einem Einbrechen ihrer Macht im Parlament führen. So würde man einerseits am Ende eines erschöpfenden „Wahlinfernos" zu einer arbeitsfähigen Mehrheit aus pro-republikanischen Kräften im Reichstag gelangen, in dem die NSDAP zu einer blockadeunfähigen Minderheit hinabsinken würde; andrerseits würde die Anhängerschaft der Partei sich, enttäuscht über ihre andauernde Unfähigkeit zur Macht zu gelangen (und in diesem Eindruck bestärkt durch ihre schwachen Wahlergebnisse) zerstreuen, so dass auch ihre Bedeutung außerhalb des Parlamentes schließlich schwinden würde.

[31] BHdAD, Bd. 3.

[32] So hielt er Vorträge in Frankreich, Belgien, Großbritannien, Norwegen, Schweden und den Niederlanden (Rheinbaben saß im Vorstand der Deutsch-Niederländischen Gesellschaft). Die in Basel erschienene

Mit dem Regime wusste Rheinbaben im mindesten, sich zu arrangieren. In seinen Memoiren vermerkt er zwar, der SD habe ihm die Geheimnote „politisch unzuverlässig" gegeben, und man habe ihn wiederholt am Telefon bedroht.[33] Dem steht andererseits gegenüber, dass er sich in den 1930er und 1940er Jahren nicht nur „nicht negativ" in Wort und Schrift über den NS-Staat äußerte (was nur zu verständlich ist), sondern so weit ging, sich auch prononciert positiv über ihn zu äußern.[34] Am 1. Mai 1937 trat Rheinbaben der NSDAP bei[35] und 1938 war er gar ein Beiträger des von Hitlers Außenminister Joachim von Ribbentrop herausgegebenen, in England veröffentlichten, Buches *Germany speaks*, in dem „21 führende Vertreter aus Partei und Staat" (darunter Wilhelm Frick, Robert Ley, Richard Darré, Otto Dietrich und Fritz Todt) versuchten, „den Engländern das 3. Reich so darzustellen wie seine Führer selbst es sehen"[36] Diese aktive Mitarbeit Rheinbabens verwundert, bedenkt man, dass er seinen Memoiren zufolge früh gewusst habe, dass „Hitlers Aufstieg [...] von vornherein auf Gewalt und Eroberung abgestellt" gewesen sei.[37] Andrerseits beobachtete das *Berliner Tageblatt* schon 1931, dass Rheinbaben „sich mit dem NS, mit Stahlhelmern und allen Kriegstrommlern

---

Nationalzeitung sprach am 2. August 1939 in diesem Zusammenhang von ihm als einem „gleichgeschalteten ehemaligen Diplomaten".

[33] Rheinbaben: *Viermal*, S. 321.

[34] Der Journalist „Atticus" berichtet beispielsweise am 9. Juli 1939 in der *Sunday Times* "[Rheinbaben] is an admirer of Herr Hitler. He told me so." In den 1930er Jahren finden sich zahllose tendenziell pro-nationalsozialistische Leserbriefe und Artikel Rheinbabens in ausländischen Zeitungen. An den Herausgeber der *Times* schrieb er etwa am 9. August 1937 einen Brief in dem er beklagte: "We Germans and you Englishmen will, notwithstanding many good intentions, never come closer together and never become really good friends, if we continue to criticize the internal conditions and the methods of government in a way that must hurt the feelings of the country concerned." In einem offenen Brief an Churchill, der im April 1936 in Warden Chilcotts Monatsschrift *The National* erschien, weist er Churchills alarmierende Unterhausreden aus dem selben Jahr über die deutsche Aufrüstung und die von Deutschland ausgehende Gefahr zurück. Weiter findet sich in einem, in Ordner 3 seines Nachlasses erhaltenen, Manuskript aus dem Jahr 1938, das den Titel *Deutschland und England* trägt, auf S. 19 die Äußerung, „dass einflussreiche Kreise in England weitab vom wirklichen Verständnis für die Notwendigkeit der deutschen Lage" seien. Und an gleiche Stelle auf S. 21 „Wir können und wollen die Redensart nicht mehr hören: ,Ich liebe Deutschland aber ich mag die Nazis nicht'. Deutschland und Nazis sind identisch – man sollte das überall begreifen."

[35] *BHdAD*, Bd. 3. In seinen Memoiren *Viermal Deutschland* verschweigt Rheinbaben seine Mitgliedschaft in der NSDAP. Stattdessen äußert er sich allgemein zum Phänomen der Mitgliedschaft von „Nicht-Nazis" in der Hitler-Partei und deren Beitrittsmotiven. Man wird wohl nicht fehlgehen in der Annahme, dass er diese umständliche Rochade vollzieht, um einerseits sein persönliches Handeln (seinen Parteieintritt) indirekt (indem er nicht in der Ich-Form, sondern von einer abstrakt-allgemeinen „Masse von Leuten die eine bestimmte Verhaltensweise praktizieren" spricht) rechtfertigen zu können, ohne sich andrerseits die Blöße geben zu müssen, seine persönliche Parteimitgliedschaft dem Leser gegenüber direkt eingestehen zu müssen. Er schreibt dazu: „Unter dem Druck der Verhältnisse entschieden sich daher Millionen dafür, die Parteimitgliedschaft zu erwerben. Behörden, [...], Berufsstände legten alle Wert darauf, dass ihre leitenden Beamten, Direktoren, Betriebsführer oder Angestellten der NSDAP beitraten. Die Parteimitgliedschaft wurde bei vielen von diesen, ja man kann sagen bei den meisten, zu einer bloßen Formsache; man trat nicht bei, um mitzumachen [...], sondern um ,in Ruhe gelassen zu werden' und vor der Verdächtigung nichtnationaler, das hieß in jenen Zeiten regimefeindlicher, Gesinnung sicher zu sein." Und weiter: „Parteizugehörigkeit konnte überhaupt nicht mehr als Maßstab für die Beurteilung der politischen Überzeugung des Betreffenden genommen werden." (*Viermal Deutschland*, S. 340)

[36] Joachim von Ribbentrop (Hrsg.): *Germany Speaks. By 21 Leading Members of Party and State*, London 1938.

[37] Rheinbaben: *Viermal*, S. 318. An gleicher Stelle nennt er ihn einen „Dämon der Macht". In *Veritá*, S. 10 spricht er in ähnlicher Weise von einem „undeutschen Abenteurer, der unter Außenpolitik die Vergewaltigung anderer Länder verstand."

verbrüdert, während er in Genf, als Delegierter bei internationalen Zusammenkünften, in Völkerversöhnung macht."[38]

Haar stellt Rheinbaben für die NS-Zeit, etwas differenzierter, neben Schacht, in die Reihe der „prominentesten deutschen Liberalen", die die „Nazipolitik" in den frühen 1930ern aus Verblendung unterstützt hätten, bevor ihnen gegen Ende des Jahrzehnts „ernste Selbstzweifel" gekommen seien.[39] Rheinbaben selbst gab hierzu an, „das dritte [Deutschland (nach Kaiserreich und Republik)] lehnte ich ab, aber lief mit".[40] Und sogar Rauschning konzediert, mit Blick auf Rheinbaben und Männer „von seiner Art", dass diese zwar mit den Nationalsozialisten zusammenarbeiteten, aber: „They had [in the days of Weimar] certainly not been militarists and revanche enthusiasts in disguise."[41]

Ab 1942 war er in Lissabon als Delegierter des Deutschen Roten Kreuzes sowie, versehen mit einem Spezialauftrag des Auswärtigen Amtes, im Zusammenhang mit Kriegsgefangenenfragen tätig. Zu der, während des Zweiten Weltkrieges, von verschiedenen britischen Tageszeitungen[42] lancierten Behauptung, dass seine „wahre" Tätigkeit in Portugal in der Wahrnehmung der Aufgabe des „Leiters der Gestapo-Spionage in Lissabon" bestanden habe, lässt sich, nach sorgfältiger Abwägung aller greifbaren Quellen und Hinweise, feststellen: dass es wahrscheinlicher ist, dass diese Behauptung unzutreffend ist, als dass sie zutrifft.[43]

---

[38] *Berliner Tageblatt* vom 9. August 1931. Das Tageblatt nennt ihn deshalb auch einen „auf günstige Geschäftskonjunkturen lauernden Parteitaktiker, der jedes Mal die passende Maske sucht."

[39] Haar: *Ethnic Cleansing*, S. 207. "[They] supported Nazi policies in the early 1930s [...] [later they] encountered serious self-doubt."

[40] Rheinbaben: *Viermal*, S. 6.

[41] Rauschning: *Destruction*, S. 251.

[42] So in der *Times* vom 15. April 1942 (*"chief of the Gestapo espionage service in Lisbon"*) oder in der *Daily Mail* vom 5. November 1942 (*"Gestapo chief von Rheinbaben"*).

[43] Dafür, dass diese Behauptung nicht zutrifft, spricht zunächst die Tatsache, dass Rheinbaben, der 1878 geborene Angehörige eines schlesischen Uradelsgeschlechtes, durchaus nicht in das gängige Personalschema der Gestapo passte, die bekanntlich von nach 1900 geborenen Männern kleinbürgerlicher Herkunft geprägt war. Des weiteren ist seine bereits erwähnte Entlassung aus dem diplomatischen Dienst gemäß dem „Gesetz zur Wiederherstellung des Berufsbeamtentums" noch im Jahr 1933 ein deutlicher Hinweis darauf, dass die Nationalsozialisten ihn als politisch eher unzuverlässig ansahen. Seine, in Teilen im weiteren Verlauf dieser Arbeit darzulegenden politischen Handlungen und Anschauungen in der Weimarer Zeit, hätten ihn in den Reihen der Gestapo zum mindesten zu einem Fremdkörper gemacht – eine Anstellung wahrscheinlich sogar ausgeschlossen. Dass Rheinbaben selbst den Gestapo-Vorwurf in seinen Memoiren zurückweist (*Viermal*, S.323: „Ich bin niemals Agent gewesen und muss dieses Bezeichnung für mein Auftreten im Ausland in den Jahren zwischen 1933 und 1943 nachdrücklich ablehnen.") muss nicht viel heißen – es wird wohl nur wenige Menschen gegeben die diese Anschuldigung, selbst wenn zutreffend, nicht abgestritten hätten. Dass sich keine inkriminierenden Materialien in seinen – als „R e s t nachlasse" ausgewiesenen – Unterlagen im BAK und im Politischen Archiv des Auswärtigen Amtes finden, besagt ebenfalls nicht viel: Dass es plausibel ist, dass er solche, wenn sie je existiert haben, beizeiten vernichtet haben würde, bedarf keiner Erklärung. Als entlastend können hingegen zwei andere Umstände gewertet werden: Zum einen wären hier die (Enttäuschung und Zweifel über ihn zum Ausdruck bringenden) Äußerungen von einflussreichen Nazigrößen zu nennen. Goebbels (Elke Fröhlich [Hrsg.]: *Tagebücher*, Bd. 2/II, S. 171, Eintrag vom 14. Dezember 1931) billigte ihm etwa einen „guten Charakter" zu, vermerkt zugleich jedoch kopfschüttelnd, Rheinbaben sei „immer noch von Stresemann infiziert." ähnlich Göring und Hitler. Letztere nannte ihn enttäuscht einen „international verseuchten ehemaligen kaiserlichen Seeoffizier." (*Zeitgeschichte*, S. 42).

Nach 1945 lebte von Rheinbaben in München und auf dem Besitz seines Freundes, des Bankiers Eduard von der Heydt, auf dem Monte Veritá bei Ascona am Lago Maggiore in der Schweiz. In die knapp dreißig Jahre zwischen 1945 und seinem Tod 1975 fällt die Veröffentlichung mehrerer Erinnerungsbücher sowie die Beteiligung an aktuell-politischen und zeitgeschichtlichen Debatten. Diese fand statt in Form von Zeitungs- und Zeitschriftenartikeln, Leserbriefen und Auftritten bei Historikertagungen. Hinzu kam eine umfangreiche private Korrespondenz mit anderen „Überlebenden der Geschichte" wie den Reichskanzlern a.D. Hans Luther und Franz von Papen oder den Politikern Hermann Pünder und Gottfried Treviranus, mit Historikern wie Walter Hubatsch sowie mit führenden Vertretern des neuen Staates wie dem CSU-Politiker Franz Josef Strauss.[44]

Der zweite Umstand ist ein komplexer chronologischer Sachzusammenhang: Die Beschuldigung, Rheinbaben habe im Dienst der Gestapo gestanden, findet sich erstmals im Jahr 1942, und in diesem Jahr gehäuft, vorher jedoch nirgendwo. Im selben Jahr erschien das Buch *Makers of Destruction* von Hermann Rauschning, dem geflohenen ehemaligen Senatspräsidenten von Danzig: In diesem findet sich an zwei Stellen (S. 100 und S. 251) die Unterstellung, Rheinbaben sei Leiter der Lissabonner Gestapo. Es scheint daher so, als ob Rauschning der erste gewesen ist, der die Anschuldigung in die Welt gesetzt hat (für die er keinen Beweis liefert): Es ist daher wahrscheinlich, dass die britischen Zeitungen die Gestapo-Anschuldigung bei Rauschning abgeschrieben haben. Wenn man Rauschning als Urheber der Anschuldigung annimmt, was nach den vorliegenden Fakten getan werden muss, so kann die vorherrschende Meinung über seine Verlässlichkeit als historischem Gewährsmann nicht unbeachtet bleiben: So misst Ian Kershaw Rauschnings Büchern beispielsweise eine derart geringe Glaubwürdigkeit bei, dass er in seiner Hitlerbiografie urteilt: „[They are] regarded to have so little authenticity that it is best to disregard [them] altogether." (Kershaw: *Hitler*, Bd.1, London 1998, S. xiv). ähnlich vernichtende Verdikte finden sich bei Hänel (zitiert in: *The Encyclopedia of the Third Reich*, Bd. 2, 1991, S. 757). Sachliche Fehlangaben Rauschnings mit Blick auf Fakten zu Rheinbaben (er behauptet auf S. 100, Rheinbaben wäre zur Weimarer Zeit ein „undersecretary" im Außenministerium gewesen, was unzutreffend ist) und zu Verhaltensweisen Rheinbabens (auf S. 100 schreibt er: „[Rheinbaben] was anxiously concerned under the new regime to maintain his standing and to keep in good odour"; tatsächlich brachte er Hitler bereits am 14. März 1933 beim persönlichen Vortrag in der Reichskanzlei gegen sich auf, als er ihn, anstatt ihm nach dem Munde zu reden, von der Wichtigkeit eines Verbleibens im Völkerbund zu überzeugen versuchte) bekräftigen diese Urteile. Fasst man die extreme Fragwürdigkeit der wahrscheinlichen Quelle der Gestapo-Anschuldigung und das völlige Fehlen irgendwelcher Beweise für ihr Zutreffen zusammen, so ist es geboten, Rheinbaben den *benefit of the doubt* zu gewähren, und vorläufig davon auszugehen, dass der Vorwurf unzutreffend ist.

[44]Strauß lernte Rheinbaben im Januar 1954 in der Akademie für politische Wissenschaften kennen. Anschließend blieben beide in Kontakt miteinander. Rheinbaben beriet Strauß, wofür dieser sich unter anderem revanchierte, indem er das Vorwort für Rheinbabens Buch von 1968 *Kaiser, Kanzler, Präsidenten* beisteuerte..

II. Rheinbaben und die Außenpolitik

Die Außenpolitik sah Rheinbaben sein Leben lang als das zentrale und wichtigste von allen politischen Fachgebieten an. In seinen Aufzeichnungen lassen sich dementsprechend zahlreiche Stellen finden, in denen er in hohen Tönen von der überragenden Bedeutung dieses Themenkreises spricht: So redet er vom „Primat der Außenpolitik"[45] oder sinniert – etwas mystisch – davon, dass „die Außenpolitik [...] Deutschlands Schicksal bestimmt und geformt" habe.[46]

Als die „treibenden Kräfte" der Außenpolitik erblickte er dabei „Volkstum", „Wirtschaft"[47] und die „öffentliche Meinung", die man sich durch tatsächliche oder vermeintliche Erfolge geschickt zunutze machen müsse, um auf der Welle ihrer Zustimmung weitere Erfolge zu erreichen.[48] Als Methode der Außenpolitik beschwor Rheinbaben wiederholt die „Annäherung der Völker" und den Verzicht auf Gewalt – ob er dies, eingedenk der deutschen Schwäche, nun aus Pragmatismus oder aus tiefer innerer Überzeugung tat, sei an dieser Stelle einmal dahingestellt.[49] Stattdessen bediente er sich wiederholt der Formel von der „Evolution der außenpolitischen Verhältnisse", die im Zuge einer schrittweisen Entwicklung den deutschen Wünschen angepasst werden sollten.[50] In seinem Buch *Von Versailles zu Freiheit* von 1927 stellt er die evolutionäre Revision unter das Motto „Ohne Revanche zur wirklichen Befriedigung Europas." Aus dem Verzicht auf Gewalt folgt indessen für ihn nicht, dass man unfähig sein sollte Gewalt auszuüben, denn: „Rechte habe nur dann Wert so lange sie durch Macht gestützt" werden.[51] Die Möglichkeit zur Gewaltausübung ist für ihn demnach auch dann unerlässlich, wenn man gar nicht von ihr Gebrauch machen möchte, und zwar als Drohkulisse im Hintergrund, um die eigenen Ziele und Interessen bei Verhandlungen mit der Gegenseite durchsetzen zu können.

---

[45] *Grenzland Schlesien. Nationalliberale Zeitung für Politik, Wirtschaft und Kultur* vom 19. November 1928.
[46] Rheinbaben: *Veritá*, S. 10. In gleichem Tenor: *Viermal*, S. 6. „Die Außenpolitik, die deutsche und die anderer Staaten, war und ist Deutschlands Schicksal".
[47] Ders. *Aufbau*, S. 70 nennt er die „Schaffung vorläufiger wirtschaftlicher und finanzieller Stabilität als Grundlage für den Wiederaufbau". Im *Braunschweiger Volksfreund* vom 26. Oktober 1929 spricht er davon, dass die wirtschaftliche Entwicklung Deutschlands seine Außenpolitik in Zukunft maßgebend gestalten werde. In *Nachkriegsepoche*, S. 5 heißt es „unerlässlich" sei eine „stabile Wirtschaft um [eine] starke Verhandlungsposition" zu erhalten.
[48] Rheinbaben: *Unruhiges*, S. 289. Siehe hierzu seine Überlegungen Mitte der 1920er Jahre durch das Erreichen einer frühzeitigen Räumung des Rheinlandes die Mehrheit der Bevölkerung zu Anhängern der Stresemann-Politik zu machen und seine Überlegung 1931 durch die „Anpackung" der Korridorfrage die seit 1929/1930 anhaltende Wirtschaftskrise zu überwinden.
[49] Ders. *Aufbau*, S. 83. Verständigung bedeute „dass wir im friedlichen Wettbewerb eine beiden Teilen genehme Lösung auf dem Verhandlungs- bzw. schiedsrichterlichen Wege finden."
[50] So etwa in einer Rede vor der Internationalen Diplomatischen Akademie in Paris am 11. Januar 1933.
[51] Rheinbaben: *Aufbau*, S. 68.

Die folgenden Abschnitte haben die außenpolitischen Ziele und Vorstellungen Rheinbabens in den Jahren 1925 bis 1933 zum Inhalt. Darstellung und Analyse werden dabei parallel durchgeführt. Die Gliederung in Unterabschnitte dient vor allem der leichteren Anordnung und Organisation des verarbeiteten Materials sowie der besseren Überschaubarkeit für den Leser. Dass die vorgenommenen Unterteilungen nicht immer in jeder Einzelheit strikt eingehalten werden können, da die behandelten Themenfelder häufig ineinander übergehen und sich gegenseitig beeinflussen, versteht sich von selbst.

Anknüpfend an einen ersten Abschnitt, der die gedanklichen Voraussetzungen von Rheinbabens politischer Gedankenwelt – wenn man so will seine außenpolitischen Prämissen – nachzeichnet, werden im folgenden dargestellt: seine Ziele in der Außenpolitik, seine Vorstellungen und Pläne zu den Themen Revisionspolitik, Völkerbund und Abrüstung/Aufrüstung sowie seine Einstellung zu den wichtigsten Nachbarstaaten des Reiches – Frankreich, Großbritannien, Russland und Polen.

II.1. Die Voraussetzungen von Rheinbabens außenpolitischer Gedankenwelt

Rheinbabens außenpolitisches Denken ruhte auf einem ganz spezifischen Unterbau, einem Amalgam aus politischen und gesellschaftlichen Werten und Überzeugungen, deren Wurzeln in der Monarchie der Hohenzollern lagen. Die zentralen Elemente, die seine Haltung und Pläne in der Außenpolitik bestimmten, waren dabei die Vorstellung von der Notwendigkeit des Deutschen Reiches als einer politisch-militärischen Großmacht (II.1.1.), der Glaube an einen starken Staat auf der Grundlage von Ordnung und Autorität einerseits sowie Liberalismus – nach dem Verständnis des Begriffs in der Bismarckzeit – andererseits (II.1.2.), seine Haltung zur Frage der deutschen Schuld am Ausbruch des Ersten Weltkrieges (II.1.3.) und sein Selbstverständnis als „Stresemannianer" (II.1.4.).

II.1.1. Das Dogma von der „Großmacht Deutschland"

Die Auffassung, dass der deutsche Staat eine Großmacht, ein „Reich", sein müsse war Rheinbaben sein ganzes Leben lang als ein unerschütterlicher politischer Glaubensgrundsatz zu eigen. Eine tiefere Begründung dieser Auffassung lieferte er jedoch nie. Er scheint sich auch die Frage nach dem „Warum?" niemals gestellt zu haben. Der Gedanke, dass es womöglich gar nicht wünschenswert ist eine Großmacht zu sein scheint sein Bewusstsein niemals gestreift zu haben – obwohl doch gerade der Vergleich der deutschen Geschichte des 20. Jahrhunderts mit der Geschichte von Ländern wie der Schweiz oder Schweden den Gedanken nahe legt, dass es sich in einem machtpolitisch bescheidenen Staat, ohne allzu weitreichenden Ehrgeiz, sehr viel glücklicher lebt, als in einer Großmacht.

Die Ausführungen zur Unabdingbarkeit der deutschen Großmachtstellung, die sich bei ihm finden, bewegen sich dementsprechend in den Bahnen eines Zirkelschlusses, seine Haltung zu diesem Thema war sozusagen „tautologisch": Deutschland müsse eine Großmacht sein, weil es eine Großmacht sein müsse.

Die Faszination für die staatliche Existenzform als Großmacht scheint ihre Wurzeln in Rheinbabens Begegnung mit der Macht des britischen Empires während seiner Chinareise 1900/1901 gehabt zu haben:

> „Als Sondererfahrung für mich selbst [...] blieb aus dem Erlebnis der China-Expedition eine niemals mehr verblassende Achtung vor der englischen Weltmachtstellung zurück. [...] Fast erschien China mir damals als eine riesengroße englische Kolonie, denn die ausgezeichnete englische Seezollverwaltung kontrollierte den gesamten chinesischen Außenhandel." [52]

Die Idee, dass Deutschland eine Großmacht sein müsse blieb Rheinbaben hernach über alle Etappen seines Wirkens erhalten: Als jungem Offizier, als Parlamentarier und Minister in Weimar, als führendem Hospitanten in Hitlers Reich und auch noch als altem Mann.[53] Watt veranlasste dies zu der Einschätzung: "One has the feeling that [...] like the Bourbons [he] has learnt nothing and forgotten nothing."[54]

Während des Zweiten Weltkrieges schrieb Rheinbaben, etwas tiefgründiger werdend, vom „Platz einer wirklichen Großmacht in Europa", der Deutschland nach „seiner geographischen Lage, Volkszahl, seiner kulturellen Bedeutung, seiner wirtschaftlichen Leistungsfähigkeit,

---

[52] Ders. *Zeitgeschichte*, S. 8f.. In gleichem Sinne: *Viermal*, S. 90. Dort notiert er, dass das „glänzende Bild des britischen Reiches" ihn mit Bewunderung und Achtung erfüllt und nachhaltig beeinflusst habe.

[53] 1919 sei das ihm vorschwebende Fernziel der „Aufstieg aus Ohnmacht zu neuer Machtstellung" gewesen (*Viermal*, S. 156); außerdem hätten er und Stresemann „großdeutsche Träume" (*Zeitgeschichte*, S. 306) geteilt; 1927 definierte er Außenpolitik als „das Streben nach neuer Macht und Größe unseres Vaterlandes" (*Außenpolitik*, S. 68). In einem Radiovortrag am 4. Juni 1934 im englischen Radio („Deutschland und der Versailler Vertrag") sprach er davon, Deutschland müsse als „souveräner Machtstaat wiederhergestellt werden. In seinen Erinnerungen gibt er an, in den frühen 1950er Jahre sprachlos gewesen zu sein über einen Studenten, der angab, dass die Wörter „Vaterland" und „Nation" ihm „einen Dreck bedeuten" würden (*Viermal*, S. 436). In einem Brief an Luther aus dem Jahr 1955 beklagte er wiederum, „dass aus dem Gedudel unsrer jetzigen Zeitungen [...] ein nationaler Ton überhaupt nicht mehr herauszuhören [ist]!" (BAK/NL 01, Brief vom 8. Dezember 1955).

[54] *International Affairs* 32 (3), 1956, S. 338f.

seiner militärischen Tüchtigkeit und nicht zuletzt aufgrund seiner stolzen Geschichte zukommt."[55] Selbst wenn man die von Rheinbaben in den Raum gestellten Umstände (kulturelle Bedeutung, wirtschaftliche Leistungsfähigkeit, militärische Tüchtigkeit, stolze Geschichte) *breve manu* als „gegebene" Tatsachen akzeptiert, wird nicht ganz klar, weshalb aus ihrem Vorhandensein zwangsläufig folgern muss, dass das Land, dem sie zueigen sind, den Rang einer Großmacht einnehmen *muss*. Entscheidend ist jedoch, dass diese unbegründete Schlussfolgerung für ihn, Rheinbaben, ein Axiom war – also keiner Begründung bedurfte. In diesem Sinne formuliert er: „Für ihn [Stresemann] war die Wiederaufrichtung Deutschlands als Großmacht eine Selbstverständlichkeit, und aus meiner eigenen verwandten Einstellung zögerte ich nicht, einem solchen Manne zu folgen."[56]

Zum besseren Verständnis muss man allerdings festhalten, dass er dieses Denkschema mit den meisten seiner Zeitgenossen teilte, zumindest mit der überwältigenden Mehrheit des Bürgertums und des Adels. Bedenkt man seine Sozialisation als Spross des Hochadels, als Kadett in der kaiserlichen Marine und Beamter im stockkonservativen Auswärtigen Dienst, verwundert es kaum, dass sich diese Sichtweise in seinem Kopf „festkeilte".

Festzustellen bleibt aber auch, dass er bei der Hinterfragung seiner eigenen Werte und Überzeugungen nicht sonderlich in die Tiefe ging: Anstatt die eigenen Überzeugungen und Werte nach der Art der antiken Philosophen schonungslos, in Frage zu stellen, und sich so die Voraussetzungen seines Denkens bewusst zu machen, stagnierte er. Anstatt mit Hilfe der Methode des infiniten elenktischen Regresses immer wieder die jeweils nächsttiefer liegende Ebene des Fundamentes seiner Weltanschauung zu erforschen, brach er die kausale Untermauerung des eigenen Denkens und Werte-Empfindens bereits im zweiten Schritt ab: Deutschland müsse eine Großmacht sein, weil es „eine hohe Volkszahl, eine große Kultur, wirtschaftliche Leistungsfähigkeit, militärische Tüchtigkeit und stolze Geschichte besitzt" – zu überdenken, wieso diese Dinge einen Großmachtstatus erforderlich machen sollen, bemühte er sich nicht. Noch weniger nahm er jede Antwort zum Ausgangspunkt einer neuen Frage.

So behauptete er 1942 etwa mit Blick auf die Lage der 1920er Jahre: „Deutschlands Weg zum national, starken und an allen Grenzen gesicherten Einheitsstaat" sei „eine geschichtliche Notwendigkeit und das Ergebnis jahrhundertelanger Sehnsucht." Warum es eine

---

[55] Rheinbaben: *Befreiungskrieg*, S.7.
[56] Ders. *Zeitgeschichte*, S. 27. Ganz ähnlich formuliert er in *Viermal*, S. 432, Stresemann habe ein „friedliches, freies demokratisches Deutschland als festen Machtkern in der Mitte Europas" aufrichten wollen, und in *Kaiser*, S. 151. „seine Bemühungen waren auf eine wieder souveräne, von Besatzung freie Großmacht Deutschland in Europa ausgerichtet."

„Notwendigkeit" sein soll, oder, ob die erwähnte Sehnsucht womöglich ein irriges Gefühl sein könnte, überdenkt er nicht.[57]

II.1.2. Das Changieren zwischen Liberalismus und Autoritarismus

Im Herbst 1919 trat Rheinbaben in die von Gustav Stresemann gegründete Deutsche Volkspartei (DVP) ein, die gemäßigtere der beiden großen Rechtsparteien der Weimarer Zeit. Die Entscheidung, nicht in die extremere Deutschnationale Volkspartei (DNVP), in die die meisten Männer seines Standes – des Adels – und seines beruflichen Hintergrundes, der Berufsmarine, eintraten,[58] begründete Rheinbaben in seinen Memoiren damit, dass er sich seinem Selbstverständnis nach in der Tradition der Nationalliberalen Partei, „die nach 1871 die wichtigste Stütze des hochverehrten Bismarcks gewesen ist", gesehen habe.[59] Ein „Konservativer" war er nach eigenem Bekunden nichtsdestoweniger.[60] Als Hauptunterscheidungsmerkmal zwischen sich und der DNVP-Rechten sah Rheinbaben seine Neigung, im Gegensatz zu diesen, Vernunft und Realismus als Handlungsmaximen über verbohrte Prinzipienreiterei zu stellen. Er charakterisierte sich selbst daher als „vernünftig und mit Maßen rechts".[61] Man könnte ihm auch die Bereitschaft zum „ausgleichenden Moment des zu bildenden Kompromisses" bescheinigen, das Pohl Stresemann attestiert.[62] Die „Gabe der politischen Vernunft" habe dem deutschen Volk so Rheinbaben, nach Bismarcks Abgang „am meisten gefehlt."[63] Zu Stresemann habe er sich daher auch und gerade deswegen hingezogen gefühlt, weil dessen „außenpolitischer Weg seiner grundsätzlichen Richtung nach von vornherein in allem wesentlichen durch die politische Vernunft bestimmt" gewesen sei.[64] In den Zwanziger Jahren ist die Vokabel Vernunft – abgewandelt auch als

---

[57] Ders. *Entstehung*, S. 63.
[58] Zu den Mitgliedern der DNVP zählten beispielsweise auch Rheinbabens ehemaliger Vorgesetzter Admiral von Tirpitz und seine Attachékollegen Wilhelm Widenmann und Erich von Müller.
[59] Rheinbaben: *Viermal*, S. 154. Zudem habe ihn an der DNVP der „betonte Antisemitismus" und das „überlaute Betonen des ,nationalen Charakters'" sowie der Anspruch „alleine das wahre ,Nationale' zu vertreten" und die „oft recht unrealistischen Formulierungen der DNVP auf außenpolitischem Gebiete" erkennen lassen, dass diese „nicht das richtige politische Arbeitsfeld" für ihn sei. 1927 meint er in *Aufbau*, S. 69, dass „das letzte Ziel der DVP mit dem der DNVP gemeinsam" sei. Was beide unterscheide, und der „Außenpolitik ihre besondere Note aufdrückt ist der Mut und der Wille zu Verantwortung in schwerster Zeit."
[60] Ders. *Veritá*, S. 63. Dort schreibt er, er sei „nach Herkunft und Erziehung wohl das was man heute als konservativ bezeichnen kann."
[61] Ders. *Zeitgeschichte*, S. 23.
[62] Pohl: *Politiker*, S. 143.
[63] Rheinbaben: *Kaiser*, S. 12. In *Viermal*, S. 226 schreibt er in gleicher Weise „Dem deutschen Volke ermangelte es an Vernunft."
[64] Ders. *Viermal*, S. 207.

Realismus oder Verantwortung – geradezu ein rhetorisches Leitmotiv Rheinbabens, das er unentwegt im Mund führt.[65]

Für sein Selbstverständnis als „Vernunftpolitiker" spricht etwa, dass er – im Gegensatz zu den Politikern der DNVP oder NSDAP – genug Realitätssinn besaß, um die „Dolchstoßlegende" abzulehnen: So schreibt er in seinen Memoiren, die Behauptung vom Dolchstoß in den Rücken des „im Felde unbesiegten Heeres" sei „durchaus unwahr."[66] Denn: „Das Heer war am 29. September nach Urteil der führenden Feldherren am Ende seiner Kräfte, also im Felde besiegt worden."[67] „Geschichtlich betrachtet" sei diese Behauptung demnach „völliger Unsinn"[68] und sogar ein „Irrwahn"[69] gewesen.

Die DNVP-Rechte hätte ihre Energie in Weimar damit verschwendet – statt die „Voraussetzungen für eine bessere Zukunft zu schaffen, verbrauchten sie ihre Kräfte, im ganzen bewertet im Streben nach unrealisierbaren nationalen Fernzielen."[70]

Verbunden fühlte sich Rheinbaben den Männern vom rechten Rand des politischen Spektrums nichtsdestoweniger. Was ihn von diesen unterschied war mehr der Weg, der Ansatz, die Vorgehensweise und ihre äußere Einkleidung, als das finale Ziel. An seinen alten Mentor Tirpitz, der für die DNVP im Reichstag saß, schrieb er 1926 in diesem Sinne:

> „Es [wäre] mir ein schmerzliches Bewusstsein über gewisse Unterschiede in der Taktik nicht in der rechten großen gemeinsamen Linie mit demjenigen überein zustimmen, unter dem ich in schicksalsschweren Jahren einst arbeiten durfte, und der zu einem nicht unerheblichen Teil die weitere Gestaltung meiner Lebenstätigkeit beeinflusst hat." [71]

Mit Tirpitz teilte Rheinbaben die Idee die beiden großen Rechtsparteien – DVP und DNVP – zu einer einzigen starken Rechtsfront zusammenzuführen,[72] ein Plan den er auch Stresemann gegenüber vorschlug, der die Richtung dieser neuen, großen liberalen Partei bestimmen sollte.[73]

---

[65] So etwa im *Kölner Lokal-Anzeiger* vom 2. Juli 1928, wo es heißt, „verantwortungsbewusste" Politiker müssten auf beiden Seiten der Grenze [Deutschlands und Frankreich] gefunden werden."
[66] Rheinbaben: *Viermal*, S. 129.
[67] Ebd.. In *Veritá,* S. 126, formuliert er, Heer, Luftwaffe und Marine seien vom Feinde „einwandfrei besiegt" gewesen.
[68] Ders. *Veritá,* S. 126. In *Viermal,* S. 129 meint er: „Der Zusammenbruch vom 9. November war zwar nicht ein Dolchstoß gegen das militärisch längst geschlagene Heer, wohl aber ein solcher gegen den Frieden."
[69] Ders. *Viermal*, S. 438.
[70] Ders. *Zeitgeschichte*, S. 23. An gleicher stelle erwähnt er, dass er sich in der Weimarer Zeit die Frage gestellt habe, ob das Handeln der DNVP „noch etwas mit praktischer Politik zu tun hätten."
[71] Brief an Tirpitz vom 4. März 1926 (BAK/NL 02). Tirpitz hatte in einem Schreiben vom 25. Februar 1926 den Eintritt in den Völkerbund als „verhängnisvoller Fehler" bezeichnet, dem Streben nach einem Zusammengehen von DNVP und DVP jedoch zu gestimmt.
[72] Ebd..
[73] Brief an Stresemann vom 16. Dezember 1926, abgedruckt in Baechler: *L'Impérialisme*, S. 711.

Das Lieblingsideal seines politischen Lebens, erinnerte sich der alte Rheinbaben in den 1950er Jahren, sei immer eine Art deutsche Tory-Democracy gewesen, die „Tradition mit politischem Fortschritt und sozialem Verständnis" verbinden würde.[74]

Das Bekenntnis zum Liberalismus schränkte er indessen an gleicher Stelle wieder ein wenn er klarstellt: „Liberal bin ich zwar stets im menschlichen, aber nicht im politischen Sinne gewesen."[75] Stattdessen sei er immer für eine starke Staatsgewalt und „gegen individuelles Auseinanderstreben und Eigenbrötelei" gewesen, die er als die Fehler des Liberalismus sah. Ohnehin sei ihm nach 1919 „alles allzu liberal" geworden.[76]

Besonders klar ersichtlich wurden Rheinbabens autoritäre Neigungen in der Situation der Staatskrise 1923, die er als Chef der Reichskanzlei der Regierung Stresemanns miterlebte. In Erinnerung an Bismarcks Politik während des Preußischen Verfassungskonfliktes in den 1860er Jahren schlug er auf dem Höhepunkt der Krise vor, dass man sie auf eine ähnliche Weise beilegen sollte, wie einst Bismarck den Streit zwischen König Wilhelm I. und dem preußischen Landtag: Man solle mit einem Minderheitenkabinett unter Abweichung von der Verfassung am Reichstag vorbei regieren und später, nach einer Stabilisierung der Lage, die ergriffenen Maßnahmen rückwirkend billigen lassen, wie Bismarck weiland einige Jahre lang die finanziellen Etats seiner Regierung zunächst ohne Billigung des preußischen Parlamentes verwaltet hatte und sie erst einige Jahre später, nachträglich, im Angesicht seiner Erfolge, von diesem, wie es die Verfassung erforderte, billigen ließ. Dazu sollte man den Reichstag auflösen und durch Erlasse regieren – wenn möglich mit, notfalls aber auch ohne Zustimmung des Reichspräsidenten. Nach dem Abflauen der Krise könnte der Reichstag wieder einberufen werden, um den Maßnahmen der Regierung nachträglich sein Plazet zu geben. Diese Pläne entwickelte Rheinbaben in enger Zusammenarbeit mit Major von Schleicher und General von Seeckt, die ihm zu verstehen gaben, dass man bei einem „entschlossenen Versuch" auf die Unterstützung der Armee rechnen könne.[77] Diese Überlegungen scheiterten zwar letzlich an Stresemanns Widerstand, der meinte, er sei einfach „zu parlamentarisch", um ein derartiges Abenteuer mitmachen zu können.[78] Sie veranschaulichen jedoch das Denken Rheinbabens und demonstrieren deutlich seine Vorliebe, „Politik von oben" zu machen. Dass ihn dies – seinem Selbstverständnis nach war er ja, auch damals, ein Demokrat – gesinnungsmäßig in eine komplizierte politische Zwitterposition zwischen Demokratie und Autoritarismus rückte,

---

[74] Rheinbaben: *Viermal*, S. 154.
[75] Ebd.
[76] Ebd.
[77] Turner: *Stresemann*, S.122. Siehe auch Brief Rheinbabens an Seeckt vom 16. Oktober 1923 in Seeckts Nachlass im Institut für Zeitgeschichte, München, Mikrofilmrolle 15, Stück 12.
[78] Ebd.

versteht sich von selbst.[79] Rheinbabens Partei, die DVP, charakterisierte sich denn auch bezeichnenderweise als demokratisch und als „demokratischen Überspannungen" abhold.[80] Diese Inkongruenz ist auch schon anderen aufgefallen: So wertet Mlynarczyk Rheinbabens Äußerung „Wir hängen auch heute noch mit Stolz und ganzer Seele am alten Deutschland"[81] zu Recht als Ausdruck einer „inneren ideologischen Spannung zwischen faktischer Mitarbeit und mentaler Opposition.[82]

Wie im Obigen bereits angeklungen, war die alle anderen überragende, politische Idealgestalt der deutschen Geschichte für Rheinbaben der mit fester Hand – und nach Junkerart „von oben" regierende – Otto von Bismarck. In Rheinbabens Büchern, Aufsätzen, Reden und Zeitungsbeiträgen finden sich ungezählte Bewunderungsbekundungen gegenüber dem „Reichsgründer". Zudem zitiert er mit besonderer Vorliebe Aussprüche und Briefstellen Bismarcks und verweist auf Episoden aus dessen Leben. Zu Bismarck, so Rheinbaben in seinen Memoiren, müsse jeder Deutsche eine Meinung haben.[83] Auf Kritik am verehrten „Eisernen Kanzler" reagierte er stets gereizt.[84] Bei der Suche nach Gründen für 1945 dürfe man nicht so weit gehen, den Deutschen den Glauben an Bismarck zu nehmen.[85]

II.1.3. Rheinbaben und die Kriegsschuldfrage 1914

In der Frage nach der Verantwortung für den Ausbruch des Krieges von 1914 verhielt sich Rheinbaben zwiespältig. Fest stand für ihn in dieser Frage im Grunde nur, dass Deutschland in den Krieg „ganz und gar gegen seinen Willen [...] gestürzt" worden sei.[86] Der Frage, ob

---

[79] Die Idee einer „Demokratie von oben" erscheint als geradezu paradox wenn man bedenkt, dass das konstitutive Merkmal der Demokratie eben darin besteht (bestehen soll), dass sie die Herrschaft „von unten" durch das Volk sein soll, von dem ja angeblich alle Gewalt ausgeht. Das Denkschema erinnert zudem in frappanter Weise an die moderne Losung Wladimir Putins, derzufolge Russland eine „gelenkten Demokratie" sein soll.

[80] Saß: *31 Parteien*, S. 19.

[81] *Europäische Gespräche*, Mai 1926, S. 223f.

[82] Mlynarczyk: *Franziskanerinnenkloster*, S. 73. In *Grenzland Schlesien. Nationalliberale Zeitung für Politik, Wirtschaft und Kultur* vom 19. November 1928 meint Rheinbaben, dass „jeder echte Deutsche" den „alten Staat lieben" müsse, aber „an und im neuen Staat mitarbeiten" solle. Seine Spagatposition zwischen dem alten und dem neuen Deutschland wird dort auch kenntlich dadurch, dass die Zeitung ihn als „Synthese Hindenburgs und Stresemanns" bezeichnet.

[83] Rheinbaben: *Viermal*, S. 25.

[84] In Ordner 6 seines Nachlasses findet sich etwa ein Spiegel-Bericht von Wolfgang Malankowski über 1870/71 und die Folgen mit dem Titel „Verspielte Bismarck das Reich?", den Rheinbaben mit der großen Marginalie „Nein" versieht. Ein Bericht aus dem Bücherblatt vom 31. Mai 1957 über Eycks Buch *Bismarck und das Deutsche Reich* ist neben einer Textpassage in der es heißt „So hat Bismarck, dem wegen seiner Erfolge ein großer Teil seines Volkes zujubelte, in einer ganzen Generation das Gefühl für Recht und politische Moral getötet, am Ende des von ihm eingeleiteten Weges kam Hitler" ein großes „Blödsinn" zu lesen. Ironischerweise stellte Rheinbaben selbst, 1939, Bismarck und Hitler in seinem Buch *Unruhiges Europa* (S. 16) als „Gemeinsamkeiten der Linie Preußen-Deutschland und Deutschland-Großdeutschland" ausdrücklich in *eine* Linie.

[85] Rheinbaben : *Viermal*, S. 25.

[86] Des. *Veritá*, S. 10.

Deutschland, wenn nicht durch böse Absichten, so doch zumindest durch ein ungeschicktes, kurzsichtiges oder übermütiges politisches Lavieren für den Ausbruch des Krieges mitverantwortlich gewesen ist, stand er schon deutlich offener gegenüber.

Festzuhalten bleibt zunächst, dass Rheinbaben die These von der deutschen „Schuld" am Ersten Weltkrieg – zumal die Auffassung einer Alleinschuld – sein Leben lang entschieden ablehnte.

Werke von Historikern, die diese Position vertreten, wirkten auf ihn dementsprechend geradezu wie ein rotes Tuch: In einem Brief an den Herausgeber der *Times* aus den 1930er Jahren, wandte er sich gegen eine Biografie Lord Greys aus der Feder Trevelyans mit den Worten es sei „ein Mythos, dass Deutschland 1914 die Absicht gehabt habe, andere Länder anzugreifen und eine Vorherrschaft in Europa zu errichten."[87] Und Fritz Fischers Buch *Griff nach der Weltmacht* bedachte er in einem Brief vom 19. Mai 1964 mit den Worten: „Wenn über eine dumme Sache [die Kriegsschuldthese] mal endlich Gras gewachsen ist, kommt sicher ein Kamel gerannt, das alles wieder runter frisst."[88]

Ein deutscher „Griff nach der Weltmacht" könnte schon allein deshalb nicht stattgefunden haben – das könne er aus dem „Miterleben an maßgebender Stelle" mit Sicherheit sagen – „weil im 20. Jahrhundert ein Land mit einem solchen politischen Versagen seiner Oberschicht unmöglich Vorherrschaft ausüben oder nach Weltherrschaft greifen" könne.[89]

Stattdessen berief Rheinbaben sich auf das berühmte Wort Lloyd Georges, wonach „die europäischen Völker" durch „meschlittnschliches Versagen" in den Ersten Weltkrieg kollektiv „hineingeschlittert" seien.[90] An anderer Stelle hielt er sich mit Schuldzuweisungen weniger zurück und erklärte, dass er „keinen Augenblick" zögere, die „Schicksalsfrage", ob England „vor der Geschichte" ebenso dafür verantwortlich sei wie Deutschland, dass Großbritannien und Deutschland durch zwei Kriege gegeneinander „'zwischen zwei Kolossen' [Russland und die Vereinigten Staaten] zerrieben worden sind, [...] zumindest für den Ersten Weltkrieg", mit einem ‚Ja' zu beantworten."[91]

---

[87] Brief an den Herausgeber der *Times* aus den 1930er Jahren. BAK/NL 10. Im Original heißt es, es sei ein "myth that in 1914 Germany wished to attack other countries and to establish a predominance in Europe."
[88] BAK/NL 01. In Akte 6 des Nachlasses findet sich zudem eine herausgerissene Seite aus einem Heft der *Informationen zur Politischen Bildung* über Preußen. Den dort zu lesenden Satz, „Bismarcks Sozialimperialismus [...] eskalierte jedoch zum National-Imperialismus, zum Griff nach der Weltmacht" hat er mit einer groß hingekritzelten Marginalglosse „falsch" versehen. An anderer Stelle ist pejorativ von „Fischer und Konsorten" die Rede.
[89] Rheinbaben: *Zeitgeschichte*, S. 19.
[90] Ders. *Veritá*, S. 29.
[91] Eb., S. 93. Die Aussagen „Englischer Dünkel und englischer Hass gegen eins starkes Deutsches Reich schlug eine ganze Welt in Trümmer" (*Entstehung*, S. 9) und „zwei im wesentlichen von England angestiftete Kriege" (*Befreiungskrieg*, S. 122) aus dem Zweiten Weltkrieg dürfen wohl als, letztlich nicht ernst gemeinte, Propagandafloskeln ausgeklammert werden.

In seiner Denkschrift „Deutsche Revisionspolitik 1931" sprach er dementsprechend von der „objektiven Unwahrheit des [die deutsche Kriegsschuld festschreibenden] Artikels 231"[92] des Versailler Vertrags. Des weiteren verwies er darauf, dass „in Frankreich von ernst zu nehmender Seite der Beweis geliefert" worden sei, „dass die russische Mobilmachung vor der deutschen erfolgt ist, sodass der Angriff von Russland und nicht von Deutschland kam."[93] Und 1927 heißt es, etwas pathetisch-larmoyant:

> „Man hat dem deutschen Volk seinen Platz an der Sonne nicht gegönnt. Man hat sein Streben nach Welt- und Seemacht mit brutalster Gewalt, mit Raub und Diebstahl, mit Lüge und verleumderischer Propaganda, mit Hungerblockade und schimpflicher Erniedrigung deutscher Menschen vor Schwarzen und Farbigen unterster Kulturstufe zurückgeschlagen. Hebt die Weltgeschichte leise und langsam an, zum Weltgericht zu werden?"[94]

Trotz solcher Emotionsausbrüche besitzt Rheinbaben genug Nüchternheit, um seine Augen nicht davor zu verschließen, dass es im Kaiserreich fehlerhafte Entwicklungen gab, dass deutscherseits „Chancen verpasst" wurden, man also, wenn nicht durch boshafte Absicht, so doch durch fehlende Sorgfalt beziehungsweise durch ein Verkennen der politischen Lage eine Unterlassungsschuld auf sich geladen habe. Neben einzelnen Personen – hier nennt er: Holstein, Bethmann Hollweg, Wilhelm II und, mit Abstrichen, auch seinen Mentor Tirpitz[95] – sowie strukturellen Schwächen[96] des Bismarckstaates wies Rheinbaben die Schuld für den

---

[92] BAK/NL 05.
[93] Ebd.
[94] Rheinbaben: *Aufstieg*, S. 82.
[95] Ders. *Zeitgeschichte*, Kapitel „Verpasste Chancen im Kaiserreich", passim. Bethmann Hollweg wirft er vor allem vor, in der Vorkriegszeit nicht die Energie besessen zu haben, um seinen sachlich richtigen Standpunkt in der Englandpolitik bzw. der Flottenfrage durchgesetzt zu haben (S. 12). Dem Kanzler habe die Kraft gefehlt, „die eigene richtige Einsicht in die politischen Notwendigkeiten mit ganzem Einsatz durchzukämpfen" (S. 14). Tirpitz wiederum habe diese Energie zwar besessen, diese aber in den Dienst einer von einseitigen Ressortinteressen geleiteten Politik gestellt, die nur den Teil und nicht das Ganze im Auge gehabt habe. Diese Beschränktheit des Blicks wiege allerdings weniger schwer, da Tirpitz als Fachmann eben nur für einen einzelnen Politikbereich (die Marine) zuständig war, während Bethmann als Kanzler die Richtlinien der *gesamten* Politik zu bestimmen hatte und damit für *alle* Bereiche des politischen Getriebes und ihr gesundes Ineinandergreifen zuständig war. Es war also in erster Linie Bethmanns Aufgabe das größere Bild zu sehen. Das Unglück des Reiches sei es daher gewesen, „dass die Eigenschaft der Energie bei Tirpitz und später bei Ludendorff nur auf Seiten des Soldaten, [und] nicht oder nur wenig bei dem Politiker" gelegen habe. Bethmanns „geschichtlicher Hauptfehler", seine fatalste Einzelhandlung, sei schließlich der Rat an den Kaiser vom 6. Juli 1914 gewesen, den Blankocheck an Österreich-Ungarn auszustellen. Der Kanzler habe damit getan, wovor Bismarck immer gewarnt habe, und sich „das Leitseil von Österreich-Ungarn um den Hals legen lassen."
[96] Ebd. Auch: *Kaiser*, S. 308f. Hier verweist er auf die unterbliebene Parlamentarisierung des Kaiserreiches (Verfassungsänderung, Verantwortung der Regierung gegenüber dem Parlament, Wahlrechtsreform etc.) vor 1914 und die nicht erfolgte Zusammenfassung von politischer und militärischer Führung, die in Deutschland ein ungesundes Neben- und Gegeneinander-Leben fristeten, anstatt, wie sie in anderen Staaten zu einer organischen Einheit verschmolzen zu werden. Solche Änderungen wären nach Rheinbaben der „deutschen Gesamtentwicklung heilsam gewesen". Des weiteren betont er das „nie wiedergutzumachende" Versäumnis, sich nach der Konsolidierungsperiode unter Bismarck nicht „mit allen Konsequenzen" entweder für West oder Ost, also für die Partnerschaft entweder mit Großbritannien oder mit Russland , entschieden zu haben.

Untergang der Welt von vor 1914 vor allem der „notorischen politischen Unreife" des Kaiserreiches zu.[97] Man habe sich in „maßloser Weise" selbst überschätzt.[98] „Leider" habe seine Schicht, „die damalige immer noch vorhandene Oberschicht, versagt" und so sei „nicht durch die *forza del Destino*", sondern durch „vermeidbare menschliche Irrtümer und Fehler unser nationales Unglück herbeigeführt worden."[99]

Die deutsche Kriegserklärung an Frankreich und Russland, beispielsweise, die auf Drängen des Generalstabes erfolgte, sei ein schwerer Fehler gewesen, da so der „Charakter eines Verteidigungskrieges" verhüllt worden sei: aus diesem Grunde hätte „neben Russland, Frankreich und England auch Deutschland eine Mitverantwortung vor der Geschichte" für den Kriegsausbruch.[100]

Ein Kardinalfehler sah Rheinbaben insbesondere im Versäumnis der Wilhelminischen Außenpolitik das deutsch-britische Verhältnis beizeiten „einzurenken". So war er von der Möglichkeit eines Flotten-Abkommens überzeugt und wertete die Haldane-Mission von 1912 als eine „echte Chance der Außenpolitik".[101] Die Quintessenz seiner Überlegungen zu diesem Thema lautet schließlich:

> „Vereinfacht kann ich es auch so ausdrücken: Weil Deutschland und England ihre natürliche Rivalität nicht überbrücken konnten und nicht zueinander gefunden haben, entstand der Erste Weltkrieg."[102]

II.1.4. Der „Stresemannianer"

Seit den 1920er Jahren charakterisierte Rheinbaben sich selbst wiederholt als „Stresemannianer", d.h. als glühenden Anhänger der Außenpolitik des Vorsitzenden seiner Partei und langjährigen deutschen Außenministers (1923-1929), Gustav Stresemann. Mit Blick auf seine Haltung zur Politik Stresemanns bemerkte er später: „Die Stresemann'sche Außenpolitik habe ich, trotz gewisser Unterlassungen und einiger Illusionen, grundsätzlich für die einzige mögliche gehalten und nach besten Kräften unterstützt."[103] Trotz einiger Vorbehalte entsprach dieses Selbstverständnis im ganzen der Wahrheit und wird durch zahlreiche andere Zeugnisse gestützt: So wurde Rheinbaben von der Presse seiner Zeit als

---

[97] Brief an Raumer vom 14. Februar 1962.
[98] *Zeitgeschichte*, Kapitel „Verpasste Chancen im Kaiserreich", passim.
[99] Brief an Raumer (BAK/ NL 02).
[100] Rheinbaben: *Zeitgeschichte*, S. 13.
[101] Giessler: *Marineattaché*, S. 177.
[102] Rheinbaben: *Veritá*, S. 83.
[103] Ders. *Viermal*, S. 168.

engster Mitarbeiter des Außenministers wahrgenommen[104] und Stresemanns Sohn Wolfgang Stresemanns schrieb später, dass die „Meinungsverschiedenheiten" zwischen seinem Vater und Rheinbaben (wie in der Krise 1923) „mehr auf innenpolitischem Gebiet" gelegen hätten,[105] dass man außenpolitisch hingegen fast immer *d'accord* gewesen sei.

Seine Zustimmung zu den Zielen der Stresemann'schen Politik – Wiedergewinnung der territorialen Souveränität, Wiedergewinnung der Kolonien, Anschluss Österreichs und die territoriale Revision der Ostgrenze[106] – betonte Rheinbaben in den Jahren von 1925 bis 1933 immer wieder. In Rechtskreisen brachte ihm dies mit der Zeit Spitznamen wie „Roter Rheinbaben" und „Popanz Stresemanns" ein.[107] Der General a.D. Möhl sprach in der *Deutschen Zeitung* vom 30. Dezember 1927 von einer „Verherrlichung der Politik Stresemanns" durch Rheinbaben und wies dessen Credo „Garantien und Sicherheit" mit dem emotionalen Ruf zurück, dass „erst das Ehrgefühl und dann die Klugheit" käme. Wichtiger als Vernunft seien „Einfachheit und Festigkeit, mehr Selbstgefühl, mehr Saft und Kraft."[108]

Zu der in der historischen Forschung vieldiskutierten Frage nach den Fernzielen, die der früh verstorbene Stresemann mit seiner Außenpolitik verfolgt habe, vertrat Rheinbaben eine klare Meinung. Gleiches galt für die Frage, ob Stresemanns verbindliche Außenpolitik in den 1920er Jahren der „wahre Stresemann" gewesen ist, oder ob es sich bei dieser nur um eine „taktische Verstellung" gehandelt habe, die sich aus der momentanen machtpolitischen Schwächung Deutschlands nach dem Weltkrieg und Versailles ergeben habe.[109]

In einer Denkschrift Stresemanns vom 13. Januar 1925 gab dieser als sein Ziel an:

„Die Schaffung eines Staates, dessen politische Grenze alle deutschen Volksteile umfasst, die innerhalb des geschlossenen deutschen Siedlungsgebietes in Mitteleuropa leben und den Anschluss an das Reich

---

[104] So bezeichnete *Der Tag* vom 7. Dezember 1924 Rheinbaben als „einer der getreusten Herolde der Stresemann-Politik", der *Sheffield Independent* vom 28. Februar 1928 nannte ihn „the right hand man of Stresemann" und die *Leipziger Volkszeitung* vom 5. Oktober 1929 „das traditionelle Sprachrohr Dr. Stresemanns".

[105] W. Stresemann: *Vater*, S. 229.

[106] Dexter: *Opportunity*, S. 196.

[107] Rheinbaben: *Viermal*, S. 158. Der nationalsozialistische Abgeordnete von Reventlow taufte Rheinbaben zudem, in Anlehnung an den Namen des Zugpferdes des – durch ein Schauspiel von Carl Zuckmayer berühmt gemachten – volkstümlichen Berliner Droschkenkutschers „Der eiserne Gustav", „Stresemanns Grasmus". Er zielte damit auf Rheinbabens treue Gefolgschaft gegenüber Stresemann ab, ließ ihm aber zugleich – wie Rheinbaben befriedigt in *Kaiser, Kanzler, Präsidenten* vermerkt – unfreiwillig den Ruhm angedeihen, dass er das „Gefährt" der Stresemann'schen Außenpolitik ziehe (*Kaiser*, S. 204). In nationalsozialistischen Kreisen haftete ihm dieser Spitzname noch Jahre lang an (so benutzt beispielsweise Goebbels diese Bezeichnung in seinen Tagebüchern am 20.12.1930 und am 26.12.1930.).

[108] *Deutsche Zeitung* vom 30. Dezember 1927.

[109] Nach Schot: *Stresemann*, S. 5 „streiten Historiker um die Frage ob Stresemann ein Wegbereiter europäischer Verständigung oder ein ausgesprochener Vertreter alldeutscher Expansion gewesen ist." Problematisch sei diese Frage da sich für beide Positionen gute quellenmäßige Belege finden. Auch zeitgenössische Betrachter teilten schon diese Uneinigkeit: so meinte die französische Zeitung *L'Echo* 1932, dass es diese Offenheit Schleichers der Tücke Stresemanns vorziehe (zitiert nach Bendiner: *Angels*, S. 283).

wünschen, ist das ferne Ziel deutschen Hoffens, die schrittweise Revision der politisch und wirtschaftlich unhaltbarsten Grenzbestimmungen der Friedensdiktate [polnischer Korridor, Oberschlesien] das nächstliegende Ziel der deutschen Außenpolitik." [110]

Die Tatsache, dass diese Sätze zur Zeit der Vorbereitung der Locarno-Verträge niedergeschrieben wurden, lässt sich nach Schot bei negativer Voreingenommenheit so deuten, dass die „Verständigungspolitik tatsächlich ein Täuschungsmanöver für expansive Absichten" war.[111] Die Formulierung Stresemanns in einem Brief an den Kronprinzen, Deutschland müsse zwischen Ost und West „finassieren",[112] ist ebenfalls für übelwollende Deutungen anfällig. Herriots argwöhnte daher später, Stresemann sei ein „Schurke" und ein „Betrüger" gewesen – Vorwürfe die Rheinbaben in den 1950er Jahren entschieden zurückwies.[113]

II.2. Ziele der Außenpolitik

Rheinbaben trat im Herbst 1919 der Deutschen Volkspartei bei, in der er rasch so etwas wie der rechte Flügelmann wurde.[114] Bei der Festlegung der außenpolitischen Ziele der DVP spielte Rheinbaben von Anfang an eine entscheidende Rolle: unmittelbar nach seinem Eintritt erhielt er von Stresemann den Auftrag, einen Entwurf für das außenpolitische Programm der Partei auszuarbeiten.[115] Dieses Programm, das Rheinbaben erstmals bei einer Besprechung der Parteiführung in Halberstadt am 19. Dezember 1919 unter allgemeiner Zustimmung der

---

[110] Schot: *Stresemann*, S. 6.
[111] Ebd.
[112] Dexter: *Opportunity*, S. 196.
[113] Rheinbaben: *Viermal*, S. 432. Auch *Veritá*, S. 21. Der Untergang von Weimar sei „nicht [durch] ein[en] Betrug oder eine Täuschung durch die von Stresemann maßgeblich beeinflusste Außenpolitik der Weimarer Republik" besiegelt worden, sondern durch die „Hass- und Rachepolitik des Versailler Diktates." Die „Wahrheit" sei, dass „trotz aller Warnungen von deutscher Seite, wie sie Stresemann und nach ihm noch andere ausgesprochen" hätten Frankreich und England, die letzten deutschen demokratischen Regierungen nicht gestützt hätten, „die [ihr] äußerstes" getan hätten, um die Friedensbedingungen zu erfüllen". An anderer Stelle meint er, der Vertrag von Versailles sei „die Wiege des NS" gewesen (*Viermal*, S. 221).
[114] Die *Berliner Volkszeitung* nennt Rheinbaben in ihrer Ausgabe vom 28. Dezember 1927 den „rechten Mann der DVP". Theodor Eschenburg ordnet Rheinbaben ebenfalls, indirekt, als Mann des rechten Flügels der DVP ein, wenn er Stresemanns Wunsch, den rechten Flügel seiner Partei zu befrieden, für die Ernennung Rheinbabens zum Chef der Reichskanzlei 1923 verantwortlich macht (Wright: *Weimar's*, S. 216). Stresemanns Sohn, Wolfgang Stresemann, meint in gleicher Weise in seinen Erinnerungen, Rheinbaben habe „weit rechts" gestanden (W. Stresemann: *Vater*, S. 194). Birkelund schließlich urteilt, Rheinbaben sei „durch rechtsextreme Sympathien belastet" gewesen (Birkelund: *Staatsmann*, S. 288).
Rheinbaben selbst gesteht seine Sympathien für Gustav Noske – eine „originale Persönlichkeit" – und Ritter von Epp – einen Mann mit „unleugbaren Verdiensten" (*Viermal*, S. 134).
[115] Wright: *Weimar*, S. 146.

Anwesenden vorstellte, wurde in den Folgejahren eine der Hauptstützen der Stresemann'schen Außenpolitik.[116]

In der Halberstädter Besprechung umriss Rheinbaben das von ihm erarbeitete Programm wie folgt: Aufgrund der „sich ergänzenden Bedürfnisse" von Deutschland und Russland müsse es zunächst zwangsläufig zu einer wirtschaftlichen Zusammenarbeit zwischen beiden Staaten kommen. Vor einer einseitigen Anlehnung an den Osten oder den Westen müsse er aber ausdrücklich abraten, da Deutschland momentan zu schwach sei, um Außenpolitik im Gegensatz zu irgendeiner wichtigen Macht verfolgen. Eben deswegen müsse man vorläufig die Kooperation mit allen ehemaligen Gegnern suchen. Gleiches gelte für die Vorstellung, man könne die Gegner gegeneinander ausspielen.[117]

Plakativer fasste Rheinbaben die Ziele von Stresemann – und damit seine Ziele – später folgendermaßen zusammen:

> „Befreiung Deutschlands von fremder Besatzung, Herabdrücken der Kriegstribute auf ein wirtschaftlich
> erträgliches Maß, Rückführung eines wieder freien und gleichberechtigten Deutschlands in die
> politische und wirtschaftliche Gemeinschaft der Völker Europas [...] unter Verzicht auf die
> Revancheidee, Mitarbeit Deutschlands an allem, was geeignet war, dem Frieden zu dienen und ihn für
> alle Zeiten zu sichern."[118]

Und ausdrücklich auf sich selbst gemünzt eröffnete er: „Meine Ideale [in der Weimarer Zeit]: Wiederaufrichtung Deutschlands, Verfassungsverbesserung, Außenpolitik der Befreiung, Wiederbeteiligung Deutschlands am Welthandel, Erstarkung der Wehrmacht, Aufstieg aus Ohnmacht zu neuer Machtstellung."[119] Es sollten demnach stufenweise erst die alliierte Kontrolle der Reichswehr und der deutschen Industrie beseitigt werden, dann die Besatzung des Rheinlandes aufgehoben und schließlich die Reparationsverpflichtungen aus der Welt geschafft werden. Danach würde man die praktische Gleichberechtigung in der Rüstung durchsetzen, die wiederum als Druckwerkzeug zur (nach Möglichkeit friedlichen) Wiedergewinnung der verlorenen deutschen Gebiete im Osten (Ostoberschlesien, polnischer

---

[116] BAK ZSg. I 42/I (14). Der volle Titel des Vortrags lautet dort „Das außenpolitische Programm der Deutschen Volkspartei. Vortrag gehalten in Halberstadt am 19. Dezember 1919 bei der Parteibeamtenbesprechung von dem Legationsrat a.D. Werner von Rheinbaben". Den Inhalt seines Halberstädter Vortrages gab er in essayistischer Form noch einmal in dem Artikel "Aktive Außenpolitik. Gedanken für ein außenpolitisches Arbeitsprogramm" wieder, der in der Ausgabe 46 der *Neuen Liberalen Correspondenz* vom 29. November 1919 erschien. Am 19. Januar 1920 referierte Rheinbaben noch einmal in einer Sitzung des geschäftsführenden Ausschusses der DVP in Berlin (Kolb: *Nationalliberalismus*, S. 201).
[117] Ebd.
[118] *Viermal*, S. 209.
[119] Ebd., S. 156.

Korridor) und nach Möglichkeit auch der Westgebiete (Eupen-Malmedy, Elsass-Lothringen) dienen sollte.

1930 sprach Rheinbaben, mit Blick auf den Punkt Eins seines Programms, dann auch von dem Bestreben, „die ehemaligen feindlichen Besatzungstruppen zum Abzug vom deutschen Boden zu bewegen" als dem „roten Faden" der Außenpolitik seit 1924.[120]

Trotz seines Strebens nach einer neuen nationalen Machtstellung bekannte Rheinbaben sich kontinuierlich zur Idee der Völkerversöhnung. Seine Partei, die DVP, verpflichtet sich diesem Gedanken sogar in ihrem Parteiprogramm[121] und zwar sowohl in seiner politischen Ausprägung (dem Völkerbund), wie auch in seiner wirtschaftlichen Ausprägung (Freihandel).[122] Allerdings richtete sich die DVP auch – etwas völkisch angehaucht – gegen „Zersetzungsbestrebungen" die an die Stelle des „Bekenntnisses zum nationalen Staat und zum deutschen Volkstum" das „Weltbürgertum" setzen wollen.[123]

Zu Coudehoven-Kalergis „Paneuropa" meinte Rheinbaben, Deutschland hätte allen Anlass diese Bestrebungen zu unterstützen, denn „nur eine Zusammenarbeit aller europäischen Staaten" könne Deutschland nützen, „nicht aber jene Staatenverbindungen und –allianzen, die genau den Vorkriegsbündnissen" gleichen.[124] Den Plan einer internationalen Armee (des Völkerbundes) hielt Rheinbaben wiederum für undurchführbar, die Idee einer internationale Luftflotte hingegen für erwägenswert.[125]

Was die Außenwirtschaft betrifft, so redete Rheinbabens Partei einerseits dem Schutz der heimischen Landwirtschaft vor der Konkurrenz des Weltmarktes das Wort, bezeichnete zugleich aber die Öffnung des Weltmarktes für die Produkte der deutschen Industrie als erforderlich. Da man *in realis* der Industrie näher stand als der Landwirtschaft votierte die DVP in Entscheidungssituationen fast immer für die Interessen der Industrie,[126] also für den Freihandel. Um in Zukunft im Wettbewerb mit Amerika bestehen zu können, sah Rheinbaben den langfristigen Zusammenschluss der europäischen Wirtschaft als unerlässlich an.[127]

Rheinbaben ging dabei sogar soweit, sich für den Handel mit dem, von vielen seiner Landsleute mit Ablehnung beäugten, Polen auszusprechen. Ungeachtet der politischen

---

[120] Ders. *Nachkriegsepoche*, S. 7.
[121] Saß: *31 Parteien*, S. 19. Die DVP erstrebte: „eine politische und wirtschaftliche Völkerversöhnung hält diese aber für unmöglich solange die Ehre des deutschen Volkes von unseren Gegnern zertreten, eine Vereinigung aller Deutschen einschließlich der österreichischen Deutschen, verhindert und der uns aufgezwungene Gewaltfriede aufrechterhalten wird."
[122] Treue: *Parteiprogramme*, S. 127ff.
[123] Saß: *31 Parteien*, S. 18.
[124] *Braunschweiger Volksfreund* vom 26. Oktober 1929.
[125] Hoetsch an das AA, Paris 27. Mai 1932 (AdAA L 374/L 110 006-08)
[126] Dengg: *Austritt*, S. 70. Die Idee einer wirtschaftlichen Autarkiepolitik lehnte die DVP im übrigen zugunsten eines exportorientierten Systems der Meistbegünstigung ab (Ebd., S. 71).
[127] *Gothaer Tagesblatt* vom 12. November 1929.

Probleme die man miteinander habe, sollte man trotzdem mit einander Geschäfte machen. Die *Berliner Volkszeitung* fasste in ihrer Ausgabe vom 28. Dezember 1927 seine Haltung zu den deutsch-polnischen Wirtschaftsbeziehungen im Gegensatz zu den deutsch-polnischen politischen Beziehungen wie folgt zusammen: „Mit anderen Worten: Polen ist nun eben Deutschlands Nachbar, Politik bleibt Politik, aber wirtschaftlich ist es für beide Teile schädlich, die bestehenden Fäden zu zerreißen."[128]

Die Institution des Völkerbunds wurde von der DVP in ihrer Essenz begrüßt, jedoch bekrittelte man nach kurzer Zeit der Mitgliedschaft in der Organisation, dass diese sich nicht hinreichend als das „gestaltende Element der internationalen Politik" erwiesen habe, als das sie bezweckt gewesen sei. Deutschland müsse daher der „Motor des Völkerbundgedankens" bleiben, um diesen „auf erfolgreiche Bahn zu führen".[129] Im Gegensatz zur Einhelligkeit in der Völkerbundsfrage war das multilaterale Sicherheitssystem, das der Völkerbund anstrebte, als Teilaspekt des größeren Themenkomplexes „Völkerbund", in der DVP umstritten.[130] Rheinbaben als Vertreter des rechten Flügels hielt von dem Gedanken der kollektiven Sicherheit eher wenig. Dementsprechend sprach sich für ein individuelles Wiedererstarken, also für das Ziel aus, Sicherheit nicht in einer gemeinschaftlichen Verständigung, sondern durch eigene Stärke zu erreichen.

Bestimmend für die Strategie der DVP, und damit Rheinbabens, zur Verwirklichung der deutschen Anliegen im internationalen Verkehr war die Idee Stresemanns, das enorme deutsche Wirtschaftspotential im Sinne der außenpolitischen Zielsetzung zu benutzen. Es sollte außenpolitisch zu einem Hebel als Ersatz für die fehlende militärische Stärke werden.[131] Der im Parteiprogramm der DVP ausgesprochene Gedanke „Eine starke, festgefügte Staatsgewalt ist die erste Voraussetzung für eine gedeihliche Entfaltung der deutschen Volkskraft nach außen und innen",[132] findet sich auch verschiedentlich bei Rheinbaben.

II.3. Revisionspolitik

Den Kern von Rheinbabens außenpolitischen Programm bildeten seine revisionistischen Pläne. Diese bestanden im wesentlichen in dem, bereits im Abschnitt „außenpolitische Ziele" angeschnittenen Ziel, die Bestimmungen des Vertrags von Versailles zu revidieren.

---

[128] *Berliner Volkszeitung* vom 28. Dezember 1927.
[129] Dengg: *Schacht*, S. 71.
[130] Ebd.
[131] Kimmich: *Germany*, S. 205.
[132] Saß: *Parteien*, S. 19.

Die Alliierten sollten dazu bewogen werden, die Friedensbestimmungen des Vertrages, den Rheinbaben – wie viele Zeitgenossen – konsequent als „Diktat" bezeichnete, zurücknehmen: Der Vertrag selbst sollte praktisch „ungeschehen" gemacht werden.

Im einzelnen bedeutete dies: Die Gebietsverluste der Jahre 1919 bis 1921 sollten dem Reich „zurückerstattet" werden, die Kolonien in Übersee zurückgegeben werden, die politische und militärische Gleichberechtigung im Kreise der europäischen Mächte restituiert werden und die Reparationen gestrichen werden.

II.3.1. Die Reparationsfrage

Die Reparationszahlungen die das Deutsche Reich gemäß dem Vertrag von Versailles an die Siegermächte des Ersten Weltkrieges abzuführen hatte – und die Rheinbaben mit penibler Beharrlichkeit als „Tribute" bezeichnete – sah Rheinbaben als denkbar ungerechtfertigt an. In den Jahren 1925 bis 1932 stellte er sie dementsprechend bei jeder sich bietenden Gelegenheit als gleichermaßen moralisch verwerflich, ökonomisch widersinnig und praktisch unbezahlbar dar.

So sprach er 1927 von den „übergroßen Kriegsentschädigungen"[133] und 1932 verkündete er: „Deutschland kann nicht mehr zahlen."[134]

Als Vernunftpolitiker plädierte er in den 1920er Jahren jedoch dafür die Zahlungen zumindest so lange zu leisten wie man keine Alternative habe. Den Young-Plan von 1929 begrüßte er daher unter anderem auch deswegen weil dieser „den Wert" habe, dass die „Leistungen nach oben begrenzt" würden. Außerdem könnte man ihn als Ausgangsbasis für eine schrittweise weitere Herabsetzung benutzten.[135]

Von der extremen Rechten wurde er deswegen gelegentlich sogar als Erfüllungspolitiker und „Träger" des Reparationssystems gescholten.[136]

Abseits des gefühlsmäßig bedingten Protests gegen die Reparationsregelung führte Rheinbaben auch zwei stichhaltigere Argumente ins Feld, um ihre Beseitigung zu beschleunigen: einmal die ökonomische Verfehltheit der Reparationen an sich und zum zweiten die juristische Bedenklichkeit der Verbindung der Erstattung von Kriegskosten und Kriegsfolgekosten.

---

[133] Rheinbaben: *Nachkriegsepoche*, S. 10.
[134] *Neue Niederschlesische Zeitung* vom 19. Januar 1932.
[135] Rheinbaben: *Nachkriegsepoche*, S. 3.
[136] *Neue Niederschlesische Zeitung* vom 19. Januar 1932.

Die ökonomische Verfehltheit versuchte er unter anderem mit dem Verweis auf John Maynard Keynes als einem „unverdächtigen Gewährsmann" und sein Buch *The Economic Consequences of the Peace* von 1919 glaubhaft zu machen.[137] Im Rückblick analysierte er:

> „Wenn die Alliierten auf der einen Seite Werte von etwa eintausend Millionen Pfund aus den Deutschen herausholten, so haben doch die Vereinigten Staaten, und in geringerem Maße auch Großbritannien, in der gleichen Zeit Deutschland mehr als zweitausend Millionen über den von ihm selbst gezahlten Betrag in Form von Anleihen vorgestreckt. [...] Das Ergebnis [war nur eine] ständig wachsende Verbitterung und der Verlust unseres Geldes."[138]

Das Haager Abkommen (Young-Plan) von 1929 unterstützte Rheinbaben dann auch vor allem deswegen, weil es eine „fühlbare Entlastung in den Annuitäten der Reparationen" bringe und trotz der Zahlungsfristen von 59 Jahren die Voraussetzung dafür schaffe, „dass aus dem nun untrennbar ineinander verflochten und verwoben weltfinanziellen und weltwirtschaftlichen System heraus weitere Schuldennachlässe für Deutschland möglich werden."[139] Die Young-Regelung war in seinen Augen dabei nichts endgültiges, sondern lediglich eine „Etappe" im Zuge der graduellen, nach und nach immer weiter gehenden, Verminderung der Reparationen: Der Young-Plan war für das Reich günstiger als der Dawes-Plan: als eine Zusicherung, dass man in Zukunft vielleicht nicht gut, aber zumindest doch weniger schlecht als bisher, behandelt werde, konnte man ihn also annehmen: Nachdem der Young-Plan einmal unter Dach und Fach sei, könnte man den nächsten Schritt gehen und die Reparationen in einer zukünftigen Etappe noch weiter reduzieren.[140]

Mit Blick auf die „Smuts-Regelung" von 1919, die festlegte, dass der Kriegsverlierer nicht nur – wie traditionell üblich – die Kriegskosten des Siegers, sondern auch die Kriegsfolgekosten zu tragen habe, beharrte Rheinbaben auf den Standpunkt, dass „als Kriegsentschädigung" nur jene Summe gerechtfertigt sei, „die den Schäden in Frankreich und Belgien" entspreche und nicht darüber hinaus.[141]

Mit der Behauptung die erhobenen Ansprüche seien derart astronomisch, dass sie nicht gezahlt werden könnten, bewegt Rheinbaben sich völlig im Mainstream der Argumentationsweise der deutschen Politik und Öffentlichkeit seiner Zeit. Historiker wie Dewey haben dem entgegengehalten, dass die Entschädigungszahlungen, die Bismarck den

---

[137] Rheinbaben: *Viermal*, S. 131.
[138] Ebd., S. 335.
[139] Ders. *Nachkriegsepoche*, S. 11. Außerdem würde so der „Rückkehr wirtschaftlicher Vernunft eine Gasse" gebahnt.
[140] *Braunschweiger Volksfreund* 26. Oktober 1929
[141] 1931 bei der Abrüstungsaussprache im Trocadero.

Franzosen nach dem Krieg von 1870/71 auferlegte, 5 Mrd. Francs, den Franzosen dieser Zeit kaum weniger gewaltig erschienen, und dass es ihnen dennoch gelang, diese Summe in weniger als drei Jahren aufzubringen.[142] Im Ausland hielt man, zumal nach der beträchtlichen Herabsetzung der Reparationen mit dem Dawes-Abkommen, die deutschen Klagen für Verstellung und Rhetorik. So war der französische Finanzminister Gilbert in den späteren Zwanziger Jahren optimistisch, dass zumindest Zahlungen in Höhe von 2 Mrd. Goldmark pro Jahr absolut im Rahmen des Möglichen wären.[143]

Leon Blum urteilte, das Deutschland zwar Ungerechtigkeiten erlitten habe, dass diese aber nach dem Gebot der Verhältnismäßigkeit weitaus weniger schwer zu Buche schlagen würden, als die Ansprüche, welche es erhebe:

> „Wir haben gegen die Friedensverträge gestimmt; aber würde es sich darum handeln, das Vorkriegseuropa wieder herzustellen, so würden wir noch viel energischer Nein sagen. Wenn es möglich wäre, die Summe der begangenen und der behobenen Ungerechtigkeiten vor und nach dem Kriege gegeneinander abzuwägen, dann würde sich die Waagschale zweifellos dem gegenwärtigen Zustand zuneigen."[144]

Und der schweizerische Journalist Schmid-Ammann stellt bei seiner Bewertung des Young-Plans – den Rheinbaben als etwas weniger belastend als den Dawes-Plan, aber noch immer als eine praktisch undurchführbare Regelung erachtete – fest, dass er dem Reich nicht unbeachtliche Vorteile gebracht habe, die die langjährigen Reparationszahlungen durchaus rechtfertigen würden: Die Reichsbahn und -bank gehörten wieder dem Reich, das „Rheinland wurde geräumt, die Kontrollen beseitigt. Seiner Meinung nach sei das nicht unbeträchtlich gewesen.[145]

II.3.3. Besatzungs- und Kontrollpolitik

Rheinbabens Denken in Bezug auf die Besatzungs- und Kontrollpolitik der Alliierten lässt sich am leichtesten darstellen, wenn man den Blick auf seine Haltung zu den Wegmarken des Vertrages von Locarno und der Rheinlandräumung richtet.

---

[142] Dewey: *Opportunity*, S. 146.
[143] Wright: *Stresemann*, S. 432.
[144] Blum: *Abrüstung*, S. 25. Und weiter fragt er: „Aber ließen sich bei dieser ungeheuren Zahl von Bestimmungen alle Ungerechtigkeiten überhaupt vermeiden? Wer kann sich zutrauen, dieses fast unlösliche Puzzle, das Völkerwanderungen und zufällige Eroberungen aus Europa gemacht haben, zu lösen ohne irgendeinem Lande Unrecht zu tun?"
[145] Schmid-Ammann: *Rätsel*, S. 20.

Den Vertrag von Locarno begrüßte Rheinbaben grundsätzlich. 1930 urteilte er, die Locarno-Politik habe „manche Täuschungen und Enttäuschungen gebracht, aber kein Versagen."[146] 1927 lobte er, man habe in Locarno erreicht, „dass das militärisch machtlose oder zumindest unendlich unterlegene Deutschland vor neuen Gewalttätigkeiten Frankreichs geschützt ist."[147] Nach der Beendigung der Militärkontrolle habe man ausdrücklich das Recht auf sofortige und völlige Räumung der besetzten Gebiete im Westen erreicht.[148] Durch Locarno sei man weiterhin zum wirklichen europäischen Mitspieler geworden, und habe die Franzosen in die Position gebracht, „bei jedem einzelnen Ausspielen, bei jedem Stich der Karten immer wieder genötigt" zu sein, „die letzte Grundfrage des Wertes und der Aufrechterhaltung der geschlossenen Nachkriegsverträge zu beantworten."[149] Daher würde, wer Locarno kritisiert, „seine kritische Sonde" nur „an einen Teil aber nicht am ganzen" Werk anlegen.[150] Allerdings monierte er bereits in den 1920er Jahren – und später um so schärfer – dass Stresemann und Luther in Locarno nicht genug „herausgeholt" hätten. Namentlich meinte er, Stresemann habe seine Unterschrift unter das Vertragswerk voreilig angebracht. Man hätte die Unterschrift nicht sofort geben sollen, sondern diese von einer verbindlichen, vertraglichen Zusage der möglichst baldigen, möglichst vollständigen, Räumung des Rheinlandes abhängig machen sollen.[151] Dass Stresemann und Luther sich mit einer mündliche Zusage Briands und Chamberlains zufrieden gegeben hätten, die Räumungsfrage nach der deutschen Unterschrift in ihren Ländern vorzubereiten, sah er als einen kapitalen Fehler an: 1927 belehrte er deswegen die Macher der deutschen Außenpolitik in seinem Buch *Von Versailles zur Freiheit*, dass man zukünftig (nach Art der Belšazar-Geschichte des Alten Testaments), als Lehre diesen Fehler nicht zu wiederholen, mit „flammenden Buchstaben" an die Wände der Büros in der Wilhelm-Straße die Worte „Garantien und Sicherheiten" schreiben müsse.[152] An anderer Stelle heißt es explizit: Die „Räumung wurde nicht erreicht, [...] weil wir die deutsche Unterschrift nicht von positiven Zusagen abhängig gemacht haben."[153] Nach dem Zweiten Weltkrieg urteilte er gar, dass der Mangel an greifbaren Erträgen des Locarno-Vertrages den „Abstieg der Weimarer Republik eingeleitet", d.h. den Boden für das Hochkommen der NS-

---

[146] Rheinbaben: *Nachkriegsepoche*, S. 7.
[147] Ders. *Aufstieg*, S. 76.
[148] Ebd., S. 77.
[149] Ebd., S. 78.
[150] Ebd., S. 78.
[151] Ders. *Viermal*, S. 217.
[152] Ders. *Versailles*, Kap. „Ohne Gewalt zur Revision". Voll heißt es: „Die deutsche Politik gab ohne zu nehmen." Und weiter: „Die deutsche Außenpolitik wird gut tun, in den Amtszimmern der Wilhelmstraße mit Flammenschrift an die Wand malen zu lassen: Garantien und Sicherheit! Nämlich Garantien und Sicherheit dagegen, dass unsere Opfer und unsere Politik, die mit so viel gutem und ehrlichen Willen den Frieden des Ganzen dienen wollte, nicht zu Befestigung der Machtstellung unserer früheren Gegner ausgenutzt wird, ohne Deutschland der Freiheit näher zu bringen, auf die es vollen Anspruch hat."
[153] *Der Ring*, Heft 47.

Bewegung bereitet hätte.[154] Die beträchtlichen Erfolge von Locarno negiert er dabei – wie eben gesehen – in keiner Weise.[155] Er meint jedoch, dass diese von einer Art gewesen seien, die dem politischen Laien, dem „einfachen Mann auf der Straße", nicht ersichtlich genug gewesen sei, um durchschlagende Wirkung zu entfalten.[156]

„Die öffentliche Meinung" habe „kein Interesse für ein verklausuliertes Vertragswerk über die Bedeutung des Artikels 16 des Völkerbundpaktes" gehabt, sondern sich nach einer „nationalen Tat" gesehnt."[157] Daher wäre ein optisch sichtbarer, dem politisch unversierten Betrachter einleuchtender Erfolg von Nöten gewesen, um die Massen für die Locarno-Politik und damit für die Republik zu gewinnen.

Locarno sei die einzige „wirkliche" Chance für die Republik gewesen, „aus ihrer machtpolitischen Ohnmacht heraus Forderungen zu stellen, deren Erfüllung der Mehrheit des deutschen Volkes Anreiz und Aufmunterung" hätte geben können, „sich mit der für Stresemann charakteristischen Versöhnungspolitik abzufinden.[158]

Rheinbaben befand: „Deutschland gab vieles und es hatte dadurch auch das Recht etwas zu fordern, was ihm wenigstens einen Teil seiner Souveränität" zurückgegeben hätte.[159]

Wenn Stresemann sich auf die Bedingung gestellt hätte: „Ohne baldige Räumung des Rheinlandes Anerkennung des Versailler Diktates und keine volle Mitarbeit Deutschlands an der Sicherung des europäischen Friedens"[160], hätte man mittelbar mehr herausgeholt. Wenn Stresemann sich geweigert hätte, den Vertrag ohne eine vorherige schriftliche Verpflichtung der Alliierten zur bald möglichsten Räumung des Rheinlandes, zu unterschreiben, dann wäre, so Rheinbaben, die Konferenz vielleicht kurzzeitig geplatzt, nach einigen Wochen oder Monaten hätten sich Großbritannien und Frankreich, unter dem Druck der Weltöffentlichkeit, jedoch wieder bewegt. Dann wären sie von sich aus wieder aktiv geworden, und hätten um

---

[154] Ders. *Zeitgeschichte*, S. 33. Im gleichen Tenor in *Veritá* S. 145 „[Der Fehlschlag von Locarno war] der Anfang vom Ende der Weimarer Republik". In *Kaiser*, S. 295 formulierte er: „Hier ergab sich die wahrscheinlich einzige Gelegenheit, eine Revision des Versailler Vertrags durchzusetzen und durch einen sichtbaren Erfolg die Weimarer Republik vor der nazistischen Demagogie zu retten." Umgekehrt hätte man den gewünschten „demagogischen Auftrieb" zugunsten der Republik erhalten. Wenn die Räumung schon in Verbindung mit Locarno erfolgt wäre hätte man die „utopische" Zahlungsverpflichtungen des Young-Plans „bestimmt nicht angenommen" und „die innere Entwicklung wäre andere Wege gegangen als zur Harzburger Front".
Um seiner Behauptung mehr Kredenz zu verleihen berief er sich in *Zeitgeschichte*, S. 21 auf das „besonders gut dokumentierte Buch ‚Deutsche Außenpolitik in der Ära der Weimarer Republik'" Ludwig Zimmermanns, der schreibt „Die rechtzeitige Revision der Friedensverträge würde wahrscheinlich die Weimarer Republik und den Frieden gerettet haben."
[155] Im *Berliner Börsen Kurier* vom 9. November 1932 sagte er beispielsweise, dass „als nicht wegzuleugnendes Positivum [von Locarno in letzter Konsequenz] die Befreiung des Rheinlandes" zustande gekommen sei.
[156] Rheinbaben: *Viermal*, S. 217f.
[157] Ders.: *Zeitgeschichte*, S. 33.
[158] Ebd., S. 230.
[159] Ders. *Kaiser*, S. 295.
[160] *Viermal*, S. 218.

eine Wiederaufnahme der Verhandlungen gebeten. In einer zweiten Verhandlungsrunde hätte man die Forderung nach der Rheinlandräumung dann durchsetzen können.[161] Eine Erfüllung des deutschen Räumungswunsches wäre so mittelfristig unvermeidlich gewesen, denn „es gab auch für die England und Frankreich kein ‚zurück' mehr."[162] Die Folge:

> „Im Endergebnis hätte einen von uns absichtlich herbeigeführte Krise 1925 ganz einfach einen Erfolg, d.h. mit größter Wahrscheinlichkeit eine erste Revision des Versailler Vertrages durch vorzeitige Räumung des Rheinlandes gebracht und damit die Möglichkeit, dem Volk die Stresemann'sche Außenpolitik der europäischen Verständigung in einem ganz anderen Lichte zu präsentieren, als dies in den Jahren der Enttäuschung getan wurde und den Aufstieg des NS ermöglichte."[163]

Stresemann habe „nicht das Maximum erreicht, das unter den gegebenen Umständen zu erreichen war"[164] Er sei unter den Grenzen der möglichen Erfolge geblieben.[165] Hätte er die obere Grenze erreicht, dann wäre „die Befreiung des Rheinlandes von fremder Besatzung von einer großen nationalen Willensströmung getragen gewesen, dann hätte sie gerade auch die Jugend gepackt und mitgerissen."[166]
Stresemann, Luther und Hindenburg hätten – wieder ein Bismarck-Wort – „das Rauschen der Gottheit nicht vernommen und den Zipfel ihres Gewandes nicht ergriffen."[167]
Noch 1960 argumentierte er in einem Brief an Luther:

> „Ich weiß gewiss, dass es für die Richtigkeit meiner These [durch Locarno eine Wende der innerdeutschen Entwicklung zu erreichen und die „Naziwelle" aufzuhalten] keinen Beweis gibt, dass Briand vielleicht gestürzt worden wäre, wenn er sich auf Diskussion der Gesamträumung eingelassen hätte. [...] Aber den Versuch [hätte man unternehmen] müssen." [168]

Rheinbabens Auffassung von der "Tragik des Lago Maggiore"[169] muss man jedoch relativieren. Stresemann Counterpart Briand war nach dem Abschluss des Locarno-Vertrages ganz und gar nicht der Meinung, das „bessere Geschäft" – das Rheinbaben den Franzosen

---

[161] Ebd., S. 210.
[162] Ebd., S. 218.
[163] Ders. *Zeitgeschichte*, S. 32.
[164] Ders. *Viermal*, S. 210.
[165] Ebd., S. 219.
[166] Ebd., S. 219.
[167] Ders. *Kaiser*, S. 295.
[168] Brief an Luther vom 14. April 1960 (BAK/NL 01).
[169] Rheinbaben: *Viermal*, S. 218.

zuschrieb – gemacht zu haben. Viel mehr befand er, dass nicht mehr, als ein kleiner Teil von dem erreicht worden war, was es ursprünglich angestrebt hatte.[170]

Das Locarno-Resümee des „alten Tigers" Clemenceau war sogar geradezu vernichtend: „Alles in allem, was gewinnt Frankreich eigentlich durch den Übergang von Versailles zu Locarno? Nichts. Weniger als nichts."[171] Die Ergebnisse des Vertrages kritisch zerpflückend schrieb er:

> „Deutschland hat [jetzt] infolge der Aufhebung jeder offiziellen alliierten Kontrolle die Möglichkeit, ungehindert so viele Tanks und schwere Geschütze herzustellen und in geheimen Depots zu verstecken, wie es ihm beliebt." [172]

Ostrower sieht dies – aus der Warte des zurückblickenden Historikers – ganz ähnlich, wenn er meint, Deutschland habe in Locarno den „großen Preis"[173] für sich abräumen können:

> "Germany came away with the grand prize, for Locarno symbolized the formal end of French hegemony on the Continent. It confirmed German political and diplomatic equality. [...] Berlin returned to the thick of European diplomacy, without an obligation to respect the postwar status quo in Poland."
> 174

Die Kritik einiger deutscher Nationalisten gegen Locarno wertet Ostrower dementsprechend als etwas, das man nur „kurios" finden könne.[175] Diese seien ganz einfach zu gierig gewesen, um zu begreifen, dass Stresemann in Locarno viele ihrer „am leidenschaftlichsten gehegten Ziele" verwirklicht habe.[176]

Siebert schließlich zitiert, mit Blick auf die fehlende deutsche Resonanz zu den Locarno-Ergebnissen, eine Briand-Formulierung, die die deutsche Haltung sehr treffend auf den Punkt bringt: „Unter dem Einfluss der Leidenschaft" seien „viele Menschen (leider) geneigt, jeden Fortschritt zu leugnen, der sich nicht mit Gewalt auf Kosten der Gegner" vollziehe."[177]

---

[170] Walters: *Nations*, Bd. 1, S. 288. („To Briand it seemed no more than a small part of what was desired by France.") Cecil und Chamberlain waren allerdings mit dem Vertrag zufrieden.
[171] Fuchs: *Clemenceau*, S. 154.
[172] Clemenceau: *Tragik*, S. 258. Auch General Foch, der Sieger von 1918, stemmte sich bis zu seinem Tod 1929 mit aller Kraft gegen eine Räumung des Rheinlandes, weil er glaubte, dass diese „nichts nutzen" würde, da die Deutschen dadurch „nicht ruhiger" würden (Geigenmüller: *Tragik*, S. 185). Der Abgeordnete Fabry nannte die deutsche Räumungsforderung in einer Rede in der französischen Deputiertenkammer wiederum „eine Anmaßung" (Siebert: *Briand*, S. 168).
[173] Ostrower: *League*, S. 65.
[174] Ebd.
[175] Ebd.
[176] Ebd.
[177] Siebert: *Briand*, S. 7.

Auch in späteren Zeiten ist dieselbe Konstellation zweier völlig unterschiedlicher Perzeptionen beim Blick auf die Entwicklung der Revisionspolitik zu beobachten: Während Rheinbaben in den 1920er Jahren immer wieder die fehlenden französischen Zugeständnisse an Stresemann beklagte, sah Briand sich gleichzeitig mit Vorwürfen konfrontiert, er gestehe viel zu viel zu.

So herrschte nach der Zusammenkunft mit Stresemann in Thoiry 1926 eine nervöse Stimmung in Frankreich, die soweit ging, Briand zu beschuldigen, er habe die „Türme von Notre Dame" verkauft.[178] Ein anderes Beispiel wäre die Ratstagung des Völkerbundes im Dezember 1926, über die Briand stöhnte, Stresemann sei „mit Lorbeer, ich aber mit Dornen" nach Hause zurück gekehrt.[179]

Die deutsche Reaktion auf französische Zugeständnisse – von denen Rheinbaben behauptete, sie wären unerlässlich gewesen, um die Deutschen scharenweise der Stresemannpolitik und damit der Republik zuzutreiben – verglich Briand mit einem Mann „dem der Appetit beim Essen" käme: auf jedes französische Zugeständnis würde aus Deutschland nur damit geantwortet, dass ein neuer „Punkt einer unabsehbaren Wunschliste"[180] auf den Tisch gelegt und durch den „Trommelwirbel" der öffentlichen Meinung flankiert würde. Die Aufhebung der Militärkontrolle – nach Briand ein gewaltiges Zugeständnis[181] – habe man „einkassiert" wie einen „berechtigten Anspruch", wie etwas „Selbstverständliches". So hätten die Deutschen nach der Räumung der ersten der drei besetzten Zonen, der nördlichen, „Kölner", Zone, prompt die Forderung nach einer Räumung der zweiten und dritten Zone nachgeschoben.[182] 1927 ließ Briand Stresemann durch seinen Botschafter Margerie vortragen, er habe oft von deutscher Seite gehört, dieses oder jenes Zugeständnis würde einen großen Eindruck in Deutschland machen. Indessen sei dieser Eindruck vielfach nicht mehr vorhanden, sobald dieses Geständnis gemacht sei. Es scheine ihm, alle gemachten Geständnisse gelten nichts, alle geforderten aber würden die größte Bedeutung beigelegt.[183] Indessen habe man deutscherseits nichts getan, um zu beweisen, dass er, Briand, auf dem richtigen Weg sei, wenn er danach strebte, durch Zugeständnisse ein dauerhaft gutes Verhältnis zu erreichen. In diesem Sinne räumte er auch ein, die Versöhnungspolitik nicht aus innerer Sicherheit, dass man den Deutschen vertrauen könnte, sondern mehr aus Angst eingeleitet zu haben, dass das Ziel der französischen Sicherheit sich mit Gewalt letztlich nicht

---

[178] Briand: *Tragik*. Er erklärte dazu, er sei „vielleicht ein wenig naiv, aber nicht *so* sehr." Chamberlain bangte zeitweise um Briands politisches Überleben, so heftig sei der „Sturm" der öffentlichen Meinung gewesen.
[179] Briand: *Tragik*, S. 168.
[180] Ebd.
[181] Ebd., S. 163.
[182] Ebd.
[183] Ebd.

erreichen lassen würde: „Man kontrolliert nicht dauernd und mit Sicherheit ein Volk von 60 Millionen."[184]

Auch nach der Räumung des Rheinlandes blieb Rheinbaben der Idee, innere Integration durch populäre außenpolitische Achtungserfolge zu erreichen verpflichtet. 1931 ließ er Brüning über Schleicher eine Denkschrift mit dem Titel „Deutsche Revisionspolitik" zukommen, die in diese Richtung zielte.[185] Um die „immer drückender empfundene Stagnation [...] durch eine nationale Tat zu überwinden" schlug er dort vor, das Problem des polnischen Korridors anzupacken. Durch die Eingliederung des Korridor-Gebietes sollte eine geographische Verbindung nach Ostpreußen hergestellt werden.[186] Die internationale Auseinandersetzung, so riet Rheinbaben Brüning, „dürfe keinesfalls zu dem üblichen Kompromiss führen, sondern muss deutscherseits bewusst und mit allen Mitteln zur internationalen grundsätzlichen Auseinandersetzung vorwärtsgetrieben werden."[187] Ein für Frankreich nicht besonders wichtiges Vorgehen im Osten hätte den Vorteil erbracht, in den Augen des Volkes eine populäre außenpolitische Aktion zu planen, d.h. im damaligen Sinne national zu handeln. Northedge urteilt allerdings, dass es eine große Übertreibung wäre, Brünings Sturz dem Fehlen irgendwelcher außenpolitischen Erfolge anzulasten.[188]

II.3.2. Die deutschen Grenzen und der „Anschluss"

Man kann aus der Rückschau nicht umhin, die gedankliche Kurzsichtigkeit, die Rheinbaben in der Korridor-Frage an den Tag legte, und die er mit vielen – sogar den meisten – seiner Zeitgenossen, teilte, zu bemerken. Eigenartigerweise besaßen seine Vorstellungen zur Frage des Korridors einen ausgesprochen „finalistischen Charakter", dessen Endpunkt die Wiedereingliederung der Gebiete des Korridors in den Gebietsverband des Reiches darstellte. Über dieses Ereignis hinaus scheint er niemals nachgedacht zu haben.

---

[184] Ebd. Siehe auch, Scott: *Rise*, S. 160. "I never loose sight of my anxiety for the security of France. When the Allied control of Germany is replaced by a League control, the security of France will not thereby be diminished, but even enhanced."

[185] BAK/NL 01. Der Gedanke, durch eine „große nationale Tat" in der Außenpolitik, die Bevölkerung innenpolitisch für den Weimarer Staat einzunehmen, findet sich bei ihm schon früh: So heißt es in der *Kölnischen Zeitung* vom 21. November 1928, Rheinbaben wolle die territoriale und finanzielle Souveränität wiederherstellen, um so die Jugend und die Bünde „mitzureißen". Und am 6. Februar 1929 das Reich müsse sein Handeln „mehr als bisher unter eine große Idee stellen und verstehen, sie dem deutschen Volk nahe zubringen."

[186] Ebd.

[187] Ebd.

[188] Northedge: *Nation*, S. 124. Im Original: "It would be an exaggeration to say that the failure of the Geneva Conference to reward Brüning with anything with which to cut the ground from under the feet of his critics at home was the cause of his fall."

Stattdessen scheinen alle seine Überlegungen mit der Rückführung der durch den Korridor „belegten" Gebiete ins Reich zu enden. Nach dieser Rückführung würde sich im Osten sozusagen alles in Wohlgefallen auflösen. Einen Tag danach scheint es für ihn nicht gegeben zu haben. Das Problem „Osten" wäre mit der Revision aus der Welt geschafft gewesen. Dementsprechend machte er sich nicht die Mühe, diese „Himmelsrichtung" über das Ereignis der Einverleibung des Korridors in das Reich hinaus noch irgendwelcher weitereren Betrachtungen zu würdigen.

Tatsächlich wäre eine Beseitigung des Korridors nur der Auslöser für eine lange Reihe weiterer Probleme und Schwierigkeiten geworden. Die alten Probleme wären nur durch neue ersetzt worden. Einer der wenigen, der die neue Problemkonstellation erkannte, die sich durch das Verschwinden des Korridors eingestellt hätte, war der Journalist Kurt Tucholsky. In der Ausgabe der linken Zeitschrift *Die Weltbühne* vom 1. Januar 1929 brachte Tucholsky das Problem das sich nach einer Abtretung des Korridorgebietes an Deutschland ergeben hätte auf den Punkt, indem er eine fiktive, satirische, Begegnung von Stresemann mit einem „Betrunkenen in der Wilhelmstraße" inszenierte. Dieser macht dem Außenminister in einer Mischung aus Berlinerisch und Säufertiefsinn die folgenden Vorhaltungen:

> „Mensch Justav, wat ham dir die Poln jetan? Wejn den Korrigidor-?...Wr denkt denn schon an den dämlichen Korridor, wenn ihr nich imma mecht son Jeschrei davon machen? Natierlich is a vakehrt – weil janz Europa vakehrt is! Aba meinste, det wird bessa, wenn ihr nehmt den Pollackn den Korridor wieda wech? Denn jeht doch allens wieda von vorne los; det janze Mallöhr und det Jeschrei un' Zugang zum Meere' – du wirst es sehn – un ick weeß jahnicht, was du hast." [189]

Etwas formaler ausgedrückt, spricht Tucholsky die folgende Erkenntnis aus: Eine (vorläufig) erfolgreiche Revision der deutsch-polnischen Grenze zugunsten von Deutschland wäre in Polen mit Sicherheit ebenso wenig als ein unabänderlicher Zustand hingenommen worden, wie auf deutscher Seite die für Polen vorteilhafte Grenzregelung von 1919. Polen hätte den Grenzzustand nach einer Revision ebenso wenig als ein *fait accompli* angesehen, mit dem man sich „nun mal abfinden" müsse, wie Deutschland den Grenzzustand der Zeit nach 1919 als ein unanfechtbares *fait accompli* ansah. Eine deutsche Revision des Korridors hätte in Polen lediglich das Streben nach einer Konter-Revision, einer Revision der Revision, zurück zu dem vor-revisionären Zustand ausgelöst – just wie es der Versailler Vertrag tat, den die nationalistischen Polen ihrerseits als eine Revision der polnischen Teilungen des 18. Jahrhunderts ansahen. Das Ergebnis wäre also nur das Aufkommen neuer Spannungen

---

[189] *Weltbühne*, Nr. 25, 1. Januar 1929.

zwischen beiden Ländern gewesen – wenn auch mit verteilten Rollen hinsichtlich der Zuordnung der Rollen von Forderer und Befördertem. Aus diesen neuen Spannungen hätten sich neue Streitigkeiten und Auseinandersetzungen auf politisch-diplomatischer, wahrscheinlich sogar auf wirtschaftlicher oder gar militärischer Ebene entzündet. Rheinbaben sah dies nicht.

Der „Anschluss" Österreichs an das Reich war Rheinbaben, wie Stresemann ein idealistisch gehegtes Fernziel. In seinen Memoiren meinte er zwar, man hätte 1918/1919 den Anschluss noch vor den Friedensverhandlungen vollziehen sollen um so die Alliierten vor vollendete Tatsachen zu stellen. Nachdem dies jedoch nicht geschehen war, hatte das Projekt Anschluss für ihn keine sonderliche Dringlichkeit. Es war ein Ziel das weit unten auf der außenpolitischen Aufgabenliste stand – seiner Verwirklichung musste die Umsetzung zahlreicher anderer Ziele vorangehen.

Die Ablehnung der Anschluss-Forderung durch die Alliierten hätte indessen kaum entschiedener sein können. Sogar der moderate Briand, äußerte 1928, rhetorisch feuerschnaubend, dass Deutschland die Wahl habe: „Anschluss oder Friede".[190]

II.3.4 die Kolonialfrage

Zu den 1919 verlorenen deutschen Kolonien in Übersee klagt Rheinbaben 1927, dass „die koloniale Wunde [...] schmerzlich" brennen würde.[191] Es sei schließlich, so führt er an anderer Stelle aus:

> „Das selbstverständliche Recht einer europäischen Großmacht [...], über den Kontinent hinaus zu wirken und sich an der Erschließung kolonialer Gebiete im Rahmen der noch offengebliebenen Möglichkeiten zu beteiligen. [...] Dies ist in aller Kürze die Grundlage für die Forderung [...]: Heraus mit den deutschen Kolonien!" [192]

Das „auf engstem Raum zusammengepferchte" deutsche Volk könne sich nicht „für immer mit dem ihm durch Versailles zudiktierten Raum begnügen", zumal wenn es seine Lage mit dem des englischen „weltweiten Empire" vergleiche.[193]

---

[190] Siebert: *Briand*, S. 473.
[191] Rheinbaben: *Aufbau*, S. 81.
[192] Ders. *Unruhiges*, S. 71. Man sei, so *Aufbau* S. 81, „genauso berechtigt europäische Kultur und Wirtschaft auf afrikanischen Boden oder sonst zu verbreiten," wie die anderen europäischen Mächte auch.
[193] *Der Ring*, Heft 47.

Der Gedanke, dass das Zeitalter des Kolonialismus sich seinem Ende zuneigte, der angesichts der britischen Probleme in Indien und anderswo, in den 1920er und 1930er Jahren durchaus nicht jenseits des Denkbaren war, scheint ihm nie gekommen zu sein. Eben so wenig fragte er nach den moralischen Implikationen (diese waren, im Sinne des Großmachtdogmas, ein „selbstverständliches Recht", das er niemals weiter hinterfragte) kolonialistischer Tätigkeit und danach, ob dieser ökonomisch lohnend sei. Dass Kolonialismus finanziell – gerade in den ehemaligen deutschen Kolonialgebieten – häufig ein Verlustgeschäft war, bei dem Kolonialherrenstaat am Ende draufzahlen musste, scheint ihn nicht beschäftigt zu haben.

II.4. Die bilateralen Beziehungen des Reiches

II.4.1. Frankreich

Die deutsch-französischen Beziehungen bewertete Rheinbaben in der Zwischenkriegszeit als das „Kernproblem der Weltpolitik."[194] Sein Interesse an Frankreich in den Jahren 1925 bis 1933 stand dabei naturgemäß in engem Zusammenhang mit der deutschlandpolitischen Tätigkeit der Franzosen: der Besetzung des Rheinlandes durch französische Truppen (bis 1930), die Reparationsansprüche Frankreichs an das Reich und der französische Widerstand gegen eine volle politische und militärische Gleichberechtigung des Reiches – das waren die Hauptaspekte in den deutsch-französischen Beziehungen, die Rheinbaben geistig beschäftigten.

Die Republik westlich des Rheins war nach Rheinbabens Auffassung „der eigentliche Sieger des Weltkrieges",[195] und in den 1920er Jahren, so glaubte er, „auf dem Höhepunkt ihrer Macht angelangt."[196] Wie Stresemann, der Frankreich in vertrautem Kreis als den „Würger"[197] bezeichnete, sah Rheinbaben den Nachbarn als denjenigen Siegerstaat von 1919, der Deutschland bei seinem Wiederaufstieg die meisten Probleme bereitete.[198]

Als wichtig propagierte er daher die „Überwindung der Vergangenheit" durch die Schaffung eines neuen *modus vivendi* zwischen Deutschen und Franzosen. Die Herstellung einer dauerhaften Verständigung, so äußerte er, sei „das Gebot der Stunde".[199] Hindernis bei diesem Unterfangen sei die rücksichtslose Machtpolitik Frankreichs, dessen „unerfüllbare

---

[194] Radiorede 1931 (BAK/NL).
[195] Beilage der RS vom 6. November 1931.
[196] Radiorede 1931 (BAK/NL).
[197] Rheinbaben: *Zeitgeschichte*, S. 30.
[198] Ebd.
[199] Radiorede 1931 (BAK/NL).

Forderungen es der deutschen Regierung unmöglich machen würden, dem Volk den Sinn der Erfüllung von internationalen Verträgen zu vermitteln. Das französische Unverständnis für die deutsche Grenz- und Minderheitenfrage im Osten müsse daher unbedingt überwunden werden. Entscheidend dabei sei es die *Petite Entente* Politik Frankreichs, d.h. die Sammlung zahlreicher kleiner osteuropäischen Staaten in einem Verteidigungsbündnis unter der Führerschaft Frankreichs zu konterkarieren. Nach dem Beginn der Weltwirtschaftskrise sah er das Erreichen einer deutsch-französischen Verständigung auch als eine wirtschaftliche Notwendigkeit an, da ohne eine Versöhnung der Erbfeinde eine „Überwindung der Weltwirtschaftskrise" unmöglich sei.[200]

Rheinbabens Plädoyer für die Verständigung der beiden traditionellen Kontrahenten vollzog sich dabei in einer durchaus öffentlichkeitswirksamen Weise: zwischen 1924 und 1939 sprach er achtmal in Frankreich vor französischem Publikum über die Verständigungs-notwendigkeit.[201] Und als bekannter „Versöhnungspolitiker" wurde er 1929 als einer der „vornehmlich in Betracht kommenden Kandidaten" für eine zu gründende deutsche parlamentarische Gruppe zum Studium der deutsch-französischen Frage ins Auge gefasst.[202] Rheinbabens Vorwurf an die Franzosen, sie würden die deutsche Verständigungspolitik nicht genug durch Zugeständnisse fördern, um so den versöhnungswilligen deutschen Politikern in der öffentlichen Meinung Auftrieb zu geben und den radikalen Elementen den Resonanzboden zu entziehen,[203] muss mit Einschränkungen betrachtet werden.

Eine Reihe von scharfsinnigen Betrachtern stimmen Rheinbabens Urteil zu: so der Historiker Ludwig Zimmermann[204] und der schweizerische Journalist Schmid-Ammann. Dieser nannte das deutsch-französische Verhältnis für die Jahre 1925 bis 1933, 1936 zurückschauend, „einfach tragisch":

> „Sie konnten zusammen nicht kommen, das Wasser war viel zu tief. [...] Das Wasser, der Abgrund der Vergeltung, des Misstrauens, der Angst. Frankreich wollte nicht einsehen, dass seine größte Sicherheit in einem lebensfähigen, beruhigten, demokratischen Deutschland bestand und darum die Parteien der Weimarer Republik auch außenpolitisch unterstützt und gestärkt werden sollten, statt sie all zu lange der nationalen Erniedrigung auszusetzen. Erst später unter Herriot und Briand, erkannte man auch französischerseits die Notwendigkeit, mit Deutschland zur Verständigung zu gelangen. Aber auch dann noch kamen meistens die guten Einsichten zu spät und blieben darum in ihrer Auswirkung auch ziemlich nutzlos. [...] Was man zu unrecht Stresemann vorenthielt, musste man Brüning einräumen, was

---

[200] Radiorede 1931 (BAK/NL).
[201] *Kölnische Zeitung* vom 3.Mai 1941.
[202] Das Auswärtige Amt an den Botschafter in Paris, 23. März 1929.
[203] Rheinbaben: *Zeitgeschichte*, S. 30f.
[204] Siehe Fußnote 148.

man Brüning versagte, das erzwang sich Papen, und was man Papen abschlug, das holte sich schließlich Hitler von selbst." [205]

Auch wenn diese Argumentation, rein rational betrachtet, sicherlich zutreffend ist, so übersieht sie die starken Gefühlsmomente, die in die deutsch-französischen Verhältnissen dieser Zeit hineinspielten. Aus französischer Sicht war Zurückhaltung gegenüber den deutschen Forderungen nach Zugeständnissen nur zu verständlich. Die Erinnerung an 1914, an das traumatische Ereignis des „August-Schocks", an die unprovozierte deutsche Invasion Ostfrankreichs, stecke den Franzosen in den 1920er und 1930er Jahren noch allzu frisch in den Knochen. Für die meisten von ihnen traf das Argument zu, das Poincaré in seinen Memoiren zur Kriegsschuldfrage vorbringt:

> „Man kann sagen, was man will: Der Krieg wurde an Frankreich erklärt, das 10 km hinter der Grenze mit Gewehr bei Fuß wartete, weil es [so die Anschuldigung in der deutschen Kriegserklärung] das deutsche Gebiet in der Luft verletzt und Bomben abgeworfen haben sollte [...]." [206]

Die meisten maßgeblichen Männer im Frankreich der Jahre 1925 bis 1933 waren schon während des Krieges an führender Stelle tätig gewesen. Clemenceaus Urteil vom 2. August 1914, Deutschland habe ein Recht zu leben, nicht aber, „to crush all independent life in Europe",[207] stimmten sie zu, und einen zweiten Griff Deutschlands nach der europäischen Hegemonie wollten sie nicht mit ansehen – und erst recht wollten sie ihm nicht durch unverdient generöse Zugeständnisse die Bahn bereiten.

Die Voraussetzungen für eine Revanchekrieg Deutschlands gegen Frankreich – das zu bemerken konnten die Franzosen nicht umhin – waren ohnehin denkbar gut: Deutschland besaß eine deutlich größere Bevölkerungszahl im Vergleich zur Französischen Republik und außerdem waren die deutschen Geburtenziffern kontinuierlich höher als die französischen.[208] Auch überstieg die deutsche Wirtschaftskraft, und vor allem die industrielle Leistungskraft, des Deutschen Reiches die französische bei weitem.[209] Rheinbaben trat interessanterweise

---

[205] Schmid-Ammann: *Rätsel*, S. 21.
[206] Poincaré: *Memoiren*, Bd. 2, S. 542.
[207] Clemenceau: *France*, S. 105.
[208] Das Statistische Jahrbuch für das Deutsche Reich 1930 stellt 63.178.619 Deutsche (Zählung 1925) 40.743.897 Franzosen Gegenüber (Zählung 1926) (S. 1*). Zu den Geburtenziffern vermerkt das Jahrbuch für 1928 1.227.900 leben Geborene im Jahr 1926 (S. 30), das Jahrbuch für 1930 1.182.815 leben Geborene für 1928 (S. 30). Dem stehen i.d.R. etwa 400.000 Geburten weniger in Frankreich gegenüber. Z.B. 1929 (Jahrbuch 1930, S. 13) 1.146.706 (D) vs. 728.540 (F). Zudem hatte Frankreich im Krieg 1914/1918 einen deutlich höhere Verluste als Deutschland zu beklagen, zumindest gemessen am prozentualen Anteil der Gefallenen an der Gesamtbevölkerung.
[209] Dexter: *Opportunity*, S. 202. verzeichnet dass die industrielle Produktivität in Deutschland im Vergleich zu 1914 um 120% gestiegen sei.

später mit dem Vorschlag auf, man sollte die „historische Abhängigkeit Frankreichs von der deutschen Wirtschaft ausnutzen, um Fortschritte in der Frage der Abrüstung und der Reparationen zu machen."[210]

Der deutschen Überlegenheit auf zwei im Konfliktfall relevanten Gebieten (der Bevölkerungsstärke und der Wirtschaftsstärke) stand nur ein einziges Überlegenheitsfeld der Franzosen gegenüber, eben das Militärische. Ein Gleichziehen Deutschlands auf diesem Gebiet hätte – mathematisch ausgedrückt – bedeutet, den für Frankreich ohnehin schon bedenklichen Stand von zwei Überlegenheiten der Deutschen zu einer der Franzosen zu einem 3:0 zu verändern. Ähnlich sieht es Kimmich, wenn er schreibt: „If Germany regained her economic and territorial sovereignty, she would be that much closer to restoring her power in Europe."[211]

So hatte die Schwarzmalerei Clemenceaus – „Muss man da nicht mit recht fürchten, dass die Masse des deutschen Volkes [...], gemäß den Eingebungen ihres Herdentriebes sich wieder wie im Jahre 1914 in einen frisch-fröhlichen Krieg wird mitreißen lassen?"[212] – einen auch rein materiell sehr ernsten Hintergrund.

Dies spiegelt sich auch darin wieder, dass sehr viel gemäßigtere Politiker sich ähnlich pessimistisch äußerten: so äußerte Herriot im März 1925 Chamberlain gegenüber die Befürchtung, dass Deutschland „in zehn Jahren" wieder Krieg gegen Frankreich führen werde.[213] Und sogar der große Verständigungsenthusiast Briand sah sich zu der Einschränkung veranlasst: „Ich will nicht ein Volk verdächtigen, mit dem ich einen Vertrag geschlossen habe; ich will nicht glauben, dass es böse Absichten hat; aber dennoch darf ich mir – entgegen meinem Optimismus – vorstellen, dass es anders sein könnte?"[214]

Der britische Botschafter in Paris wiederum berichtete im Juli 1927, dass man in Frankreich nicht überzeugt sei, dass die Kluft zwischen den Institutionen und Praktiken des Deutschlands von 1914 und dem von 1927 zwangsläufig eine breite sei.[215] Der französischen Presse ging die Verständigungspolitik Briands jedenfalls – die nach Rheinbaben nicht weit *genug* reichte – in ihrer Mehrheit viel *zu* weit.[216]

---

[210] *Der Ring*, Heft 40, S. 757.

[211] Kimmich: *Germany*, S. 129.

[212] Fuchs: *Clemenceau*, S. 264. „Die Sicherheit Frankreichs ist die Sicherheit der europäischen Welt. [...] Die Deutschen werden sich schon wieder auf einen Waffengang vorbereiten." (Fuchs: *Clemenceau*, S. 154). „Für den Fall eines neuen Krieges würde Deutschland seine gesamte Heeresmacht weder auf Cuba noch auf Honduras, sondern auf Frankreich werfen; es würde immer Frankreich sein." (Fuchs: *Clemenceau*, S. 127).

[213] Kimmich: *Germany*, S. 193.

[214] Briand: *Frankreich*, S. 165. Jäck (S. 75) verweist darauf, dass Briand 1930 bei der XI. Versammlung des Völkerbundes besorgt eine „Beunruhigung" in Europa beobachten zu können glaubte.

[215] Kimmich: *Germany*, S. 197.

[216] Scott: *Rise*, S. 160.

Die Wahl des Weltkriegsgenerals von Hindenburg zum deutschen Reichspräsidenten 1925 muss den französischen Pessimisten geradezu als die Fleisch gewordene Bestätigung dieser Sorge erschienen sein: so erntete Briand, in einer Rede im französischen Parlament über die Friedensbemühungen beider Länder, auf die Bemerkung, der Krieg habe sich viele Feinde geschaffen, den Zwischenruf: „Nicht in Deutschland. Sie haben Hindenburg gewählt!"[217] Wenn man sich dies vor Augen führt, so erscheint es fast folgerichtig, dass man in Frankreich zeitweise umschwenkte und seinerseits den eigenen (politischen) Weltkriegsführer, den „Falken" Poincaré, 1927 zum Ministerpräsidenten wählte.[218]

Auch der, Rheinbaben ja im Kern zustimmende, Schmid-Ammann anerkannte die innere Logik der französischen Politik, wenn er, 1936, nach Hitlers Machtergreifung schrieb:

> „Und wenn man seine [des NS] außenpolitischen Ziele betrachtet, [...] so wird man mit Vorwürfen an die französische Außenpolitik während der Jahre 1924-32 zurückhaltender sein und sich fragen müssen, ob die französische Angst und das Bedürfnis nach immer neuen Sicherheiten nicht tiefere Gründe hatten und durch die nachfolgende Entwicklung in Deutschland ihre Rechtfertigung fanden. Denn das muss ja auch gesagt werden, dass die Weimarer Republik nie den schlüssigen Beweis dafür zu erbringen vermochte, dass die Demokratie sich wirklich durchgesetzt hatte." [219]

Einige Autoren wie Kimmich wiederum urteilten, anders als Rheinbaben, dass nicht Frankreich zu wenig zur Verständigung beigetragen habe, sondern Deutschland: diesem Gedanken folgend schreibt Kimmich „The German intransigence foreclosed any hope of realizing their demand for equal rights" und „had the Germans been less evasive, the French might have been persuaded that Germany had reconciled herself to her postwar stauts. [...] In any event, the Germans' evasiveness merely confirmeed the French in their suspicions of Germany's intentions."[220]

Im Ganzen kann man sagen, Rheinbabens Überlegung zur Verfehltheit der französischen Politik sind durchaus überzeugend. Woran es ihm jedoch gebrach, war die Fähigkeit zur Emphase, die Fähigkeit, sich in die Lage der Franzosen zu versetzten und, die starken emotionalen Belastungen nachzuvollziehen, die in ihrer Deutschlandpolitik unvermeidlich mitschwangen. Dass Briands Worte, dass die Sicherheit für Frankreich ebenso lebenswichtig sei „wie das täglich Brot",[221] wörtlich gemeint waren, und dass aufgrund dieser tiefsitzenden

---

[217] Briand: *Deutschland*, S.186.
[218] Spenz: S. 161.
[219] Schmid-Ammann: *Rätsel*, S. 22.
[220] Kimmich: *Germany*, S. 197.
[221] Ostrower: League, S. 65. Im Englischen lauten Briands Worte: "The right to security is as vital as the right to bread."

französischen Ängste, ein Abbau der – aus deutscher Sicht beleidigenden und demütigenden – Versailler Vertragsregelungen nur langsam, schleppend und schrittweise erfolgen konnte, begriff er nie.

II.4.2. Großbritannien

Die deutsch-britischen Beziehungen sah Rheinbaben sein Leben lang als die zentrale Lebensfrage der deutschen Außenpolitik. Das Thema habe sein Denken über sein ganzes Leben hinweg – von seiner Zeit als Marinekadett, über die Attachézeit, die Zeit als Staatssekretär, als Reichstagsabgeordneter, als Deputierter beim Völkerbund, im Zweiten Weltkrieg und in der Nachkriegszeit – „mehr als jedes andere politische Problem [...] beherrscht."[222] Die „deutsch-englische Schicksalsverkettung" sei ihm dabei immer klarer geworden.[223] Das Leitmotiv von allem was er „gesagt, geschrieben und getan" habe, sei daher gewesen: „Keinen Krieg mit England."[224]

Das Verhältnis Rheinbabens zu Großbritannien ist dabei einerseits durch Bewunderung, andererseits durch Misstrauen gekennzeichnet. So deutete er die berühmte Denkschrift des Staatssekretärs im britischen Außenministerium, Eyre Crowe, von 1906, die von der naturgesetzlichen Gegnerschaft Großbritanniens zur jeweils stärksten Macht in Europa (1906 wie in den Jahren 1925-1933 – wenn in diesen auch latent – das Deutsche Reich) ausgeht, als die geheime Leitlinie der britischen Außenpolitik.[225] Die „britische Politik der Balance of Power" sei dabei Europas Unglück in der ersten Hälfte des 20. Jahrhunderts gewesen.[226]

Den britischen Außenminister Chamberlain sah er als einen Frankophilen, unter dessen Führung die britische Außenpolitik – nachdem sie in den frühen 1920er unter dem Einfluss von maßvollen Politikern, wie Lloyd George oder Churchill, zunächst eine relativ deutschfreundliche Linie verfolgt habe – „ins Fahrwasser Frankreichs geraten" sei.[227] Ostrower urteilt im Gegensatz zu Rheinbaben allerdings, dass Chamberlain weitaus weniger britische Machtpolitik verfolgt habe, und ehrlicher um die Völkerbundsidee bemüht war, als die meisten anderen Mitglieder der Baldwin-Regierung.[228]

---

[222] Rheinbaben: *Veritá*, S. 83.
[223] Ebd..
[224] Ders. *Zeitgeschichte*, S. 9.
[225] Ders. *Viermal*, S. 200.
[226] Ders. *Veritá*, S. 108.
[227] *Gothaer Tagesbatt* 12. November 1929.
[228] Ostrower: *League*, S. 65. Wie Scott: *Rise*, S. 165 hervorhebt musste Chamberlain sich jedoch im Völkerbund häufig bedeckt halten, um nicht durch eine zu sehr nach außen getragene Loyalität zum Völkerbund seine Beziehungen zu den Commonwealth-Staaten zu beschädigen.

Richtig ist allerdings, dass die Briten, insbesondere auch Chamberlain, die Deutschen nach Locarno, wie die Franzosen, „irritatingly ungracious and grasping" fanden. Wie Frankreich hatten die Briten Sorge davor, dem Deutschen Reich allzu weit reichende Zugeständnisse zu machen, so lange die Gefahr im Raum stand, dass antirepublikanische Nationalisten eines Tages zur Macht kommen und die „Politik der Détente" verwerfen würden.[229]

Ungeachtet dessen arbeitete Rheinbaben mit einigen Briten sehr gut zusammen. Mit Robert Cecil trat er beispielsweise im Mai 1930 in Queens Hall bei einer Kundgebung zur Abrüstungskonferenz auf[230] und 1931 entwarf er eine Resolution zu derselben.[231]

II.4.3. Russland

Für die deutsch-russischen Beziehungen hat Rheinbaben sich nach eigener Angabe „stets auf das lebhafteste interessiert". Gemeinsam mit Stresemann habe er sich dabei „in der Bismarck'schen Tradition gefunden, wonach Deutschland unbedingt in jeder kommenden Entwicklung und unabhängig von Regierungsform und Wirtschaftssystem auf gute Beziehungen zu dem großen russischen Reich wert legen" müsse."[232]

In den 1920er Jahren habe er, wie sein Freund Ago von Maltzan, die „Seele der deutschen Ostpolitik bis 1933", zu denjenigen Politikern gehört, „die sich durch nichts von der Überzeugung abbringen ließen, dass im Laufe der Jahre Russland auch als Union der Sowjetrepubliken wieder erstarken" werde und „erneut zum ausschlaggebenden Faktor der europäischen Politik, ja der Weltpolitik und Weltwirtschaft werden würde."[233] Diesem Gedanken verpflichtet sprach er auch von einer „deutsch-russischen Schicksals-gemeinschaft."[234]

Aus diesem Grund bemühte Rheinbaben sich eifrig um die deutsch-russischen Beziehungen. Wie sein Stiefschwager Herbert von Dirksen sah er dabei die „freundschaftlichen Beziehungen zu Russland" auch und gerade als ein „*Atout*" in der deutschen Hand gegenüber dem Westen.[235] Stresemann habe dies ebenso gesehen und durch das Ausspielen der „russischen Karte" versucht „zwischen West und Ost das Beste für Deutschland

[229] Kimmich: *Germany*, S. 197.
[230] *Berliner Tageblatt* 8. Mai 1930.
[231] Curtius am 10. Juni 1931. (AdAA 2368/D 493702-05).
[232] Rheinbaben: *Viermal*, S. 223. Bismarck hat dabei, mal wieder, „in genialer Weise die russische Freundschaft durch den Rückversicherungsvertrag erhalten", den seine „kurzsichtigen Nachfolger" nicht verstanden hätten (Ebd., S. 234).
[233] Ebd., S. 235.
[234] Ebd., S. 235.
[235] Ebd., S. 241.

heraus[zu]holen."[236] Man würde zwar in letzter Konsequenz zum Westen gehören, „bei aller Zugehörigkeit zum Westen" müsste man jedoch „mit Westen und Osten gleichzeitig Politik treiben."[237]

Die „Brückenpfeiler" der von ihm unterstützten Ostpolitik Stresemanns seien dabei das Wirtschaftsabkommen vom 6. Mai 1921 und der Rapallovertrag vom 16. April 1922 gewesen.[238] Stresemanns Ostpolitik, deren parlamentarischer Träger neben den Kommunisten einzig seine, Rheinbabens Partei, die DVP, gewesen sei,[239] sei eine Notwendigkeit gewesen, um dem Druck der französischen Politik „á la Clemenceau und Poincaré" standzuhalten.[240] Jede Nation, die sich „nicht völlig aufgegeben will", sei gezwungen „jedes Mittel anzuwenden", das geeignet erscheine, „die Existenz zu sichern oder wiederherzustellen". In diesem Zusammenhang traf Rheinbaben sich zu Konsultationen mit dem sowjetischen Außenminister Tschitscherin.[241]

Die „Freundschaft" mit Russland war für ihn allerdings eine doppelschneidige Sache. Der Bolschewismus war für Rheinbaben, trotz der vorläufigen pragmatischen Zusammenarbeit mit der Sowjetunion in den 1920er Jahren, eine „verelendende Lehre"[242] die es letztendlich einzudämmen und zu zerstören galt. Mit Verweis auf das so genannte „Testament Peter des Großen", ein erstmals im frühen 19. Jahrhundert aufgetauchtes Dokument das angeblich über Jahrhunderte hinweg der heimliche Leitfaden der russischen Außenpolitik gewesen ist, sah Rheinbaben das finale Ziel der russischen Politik in der Unterwerfung ganz Europas.[243] Deutschland habe daher, so philosophierte er 1954 in seinen Memoiren, die „historische Mission [...] [wenn möglich ohne Krieg] Europa vor dem Einbruch des ewig unruhigen slawischen Ostens" zu verteidigen.[244] 1957, hieß es dann noch deutlicher:

> „Nun erkennt es [Amerika], immer wieder geschichtlich betrachtet, dass in Europa ein gesundes, starkes Deutschland als Bollwerk gegen die unablässig herandrängende slawische Expansionsflut ebenso wie in früheren Jahrhunderten eine Notwendigkeit im Interesse eines Großteils der nicht-russischen Welt ist."
> [245]

[236] Ders. *Zeitgeschichte*, S. 30.
[237] *Veritá*, S. 20.
[238] Ders. *Viermal*, S. 236.
[239] Ebd., S. 240.
[240] Ebd., S. 239.
[241] Ders. *Kaiser*, S. 236.
[242] Ders. *Aufbau*, S. 82.
[243] Ders. *Viermal*, S. 232. Im übrigen „Peter der Große und Stalin begegneten sich im hohen Maße in ihren Plänen für Russlands Politik." (Ebd., S. 233)
[244] Ebd., S. 432.
[245] Ders. *Veritá*, S. 126. Und in *Zeitgeschichte*, S. 19 heißt es: Mit welcher Verblendung aber hat diese freie Welt ihrerseits die geschichtliche Rolle Deutschlands in der Mitte Europas als Bollwerk gegen ein Vordringen des Ostens in jeder Gestalt verkannt? Lernen eigentlich die Völker nichts aus der Geschichte?"

An diese Überlegung anknüpfend begründete Rheinbaben die deutsche Aufrüstungsforderung in Genf 1932 damit, dass ein „Wall gegen den Bolschewismus" geschaffen werden müsse.[246]

II.4.4. Polen

Das Verhältnis des Reiches zu seinem östlichen Nachbar, der 1916 bzw. 1919 nach einer mehr als hundert Jahre andauernden Zerschlagung als souveräner Staat wieder errichtet worden war, war naturgemäß sehr spannungsvoll. Dies beruhte vor allen Dingen darauf, dass der neu gegründete polnische Staat zu weiten Teilen aus Gebieten bestand, die das Reich zwischen 1919 und 1921 an diesen abtreten musste.

Aus diesem Grund beklagte Rheinbaben 1928 mit Blick auf die bilateralen Beziehungen Deutschlands zu seinem alten, neuen, Nachbarn: „Die erste und schwierigste der deutsch-polnischen Streitfragen ist die Grenzfrage."[247] In gleicher Weise warf er Polen in den Jahren von 1925 bis 1933 immer wieder vor, es betreibe eine kulturelle „Entdeutschungspolitik", d.h. es würde systematisch versuchen, die deutsche Minderheit in seinem Staatsgebiet zu polonisieren oder zur Emigration zu treiben. 1928 erklärt er, etwas kriegerisch: „Und mag auch der letzte Deutsche von den Polen vertrieben werden, das ändert an unser Auffassung nichts."[248]

Einerseits erklärte er wiederholt, er sei grundsätzlich für eine „Normalisierung der deutsch-polnischen Beziehungen",[249] andererseits konstatierte er wiederholt, dass der „Versuch eines *modus vivendi* mit den polnischen Nachbarn nach den bisherigen Methoden restlos gescheitert" sei.[250]

Die Ehrlichkeit seines Verständigungswillens ist mit Vorbehalten zu sehen: So notierte der Diplomat Zechlin im März 1926, dass Rheinbaben „heftig gegen die Möglichkeit, dass Polen einen Ratssitz bekommt" polemisiere[251] – was nicht unbedingt nach großer Verständigungsbereitschaft klingt. Die *Berliner Volkszeitung* bezeichnete ihn in ihrer Ausgabe vom 28. Dezember 1927 als „stark antipolnisch eingestellt" und hob hervor, dass er „natürlich" eine andere Ostgrenze wolle, verwies zugleich aber darauf, dass er die Existenz eines polnischen Staates an sich bejahe und zu gut nachbarlichen Beziehungen kommen

---

[246] *Berlin am Morgen* 31. Mai 1932.
[247] Rheinbaben: *Deutschland und Polen*, S. 17.
[248] *Deutsche Allgemeine Zeitung* vom 20. November 1928.
[249] *Ostdeutsche Morgenpost* vom 18. Februar 1930.
[250] Reichstagssitzung vom 6. Februar 1929.
[251] AdAA 4586/E 181302-04.

wolle. Rheinbaben selbst räumte ein, dass „zuviel Gefühlskomplexe" und zu wenig Realpolitik in die bilateralen Beziehungen hineinspielten – erforderlich seien mehr Wirtschaftsgeist, und Weltverständnis. In Polen selbst blieb Rheinbabens Haltung auch nicht unbemerkt. Der deutsche Gesandte in Warschau berichtete beispielsweise im August 1930 in einem Rapport an Bülow, dass in Polen die Wahrnehmung bestünde, das Deutschland Propaganda gegen Polen treibe und verwies dabei namentlich auch auf Reden Rheinbabens.[252] Während Rheinbaben in der Stresemann-Zeit – und auch noch kurz danach – sowohl den von Stresemann auf den Weg gebrachten deutsch-polnischen Handelsvertrag als auch das Liquidationsabkommen befürwortete,[253] änderte sich seine Einstellung mit dem Emporschwellen der nationalen Welle ab Herbst 1930 grundsätzlich: ab Herbst 1930, nach dem Verlust seines Reichstagsmandates, bezeichnete er die bisherige Polenpolitik des „dornen- und mühevollen Versuchs der Herstellung eines *modus vivendi*" als „restlos gescheitert" und die außenpolitische Situation im Osten als „unmöglich".[254] Hätte man eine der polnischen halbwegs entsprechende militärische Macht, dann wäre das, was Polen gegen das Deutschtum tut, schon längst zur größten Kriegsgefahr in Europa geworben.

In der 1929 geschriebenen, und 1930 veröffentlichten, Schrift *Die zweite Nachkriegsepoche* urteilte er noch, „die Liquidation der Vergangenheit", das heißt der Zwistigkeiten die zwischen beiden Staaten bestünden, wäre ein unverzichtbare Notwendigkeit. Durch das Liquidationsabkommen würde reichsdeutscher Besitz in Polen vor weiterer Enteignung gesichert und den Minderheiten im polnischen Staat vermehrte Rechtsgarantien gegeben.[255] Wenn man nicht zu drastischen Mitteln greife, würde sonst das Deutschtum in Danzig Gefahr laufen völlig vernichtet zu werden. Anstatt das Verständigungsinstrument des Liquidationsabkommens anzuwenden, müsse stattdessen die Epoche liquidiert werden in der mit solchen Instrumenten Politik gemacht worden sei. Es habe sich gezeigt, dass das deutsch-polnische Verhältnis nicht „auf Grundlage von Verträgen tragbar gestaltet werden" könne.[256] Die frühere Politik, die als „ehrlicher Versuch der Verständigung notwendig" gewesen sei, müsse aber nunmehr durch das Aufwerfen der Grundfrage deutsch-polnischen Nebeneinanders ersetzt werden. Polen habe die Handelsvertragsverhandlungen sabotiert und das Liquidationsabkommen nicht ratifiziert.

1931 resümierte Rheinbaben: „Im Großen und Grundsätzlichen hat sich weder etwas zwischen Deutschland und Polen verändert, noch gar sind wir im Ringen um ein Minimum

---

[252] Depesche vom 13. August 1930. (AdAA 4620/E 198797-805)

[253] Die *Deutsche Allgemeine Zeitung* vom 17. Februar 1930 berichtet von einer Rede Rheinbabens in Beuthen in der meint beide Vertragswerke seien notwendig, um in der Ostpolitik „neue Wege gehen zu können".

[254] *Ostdeutsche Morgenpost* vom 5. November 1930. Auch: *Der Ring*, 1930, Artikel "Reform oder Revision?".

[255] Rheinbaben: *Nachkriegsepoche*, S. 12.

[256] *Ostdeutsche Morgenpost* vom 5. November 1930.

von nationaler Existenz und Lebensraum, das wir für unsere Zukunft brauchen, positiv vorwärtsgekommen."[257]

In seiner Denkschrift an Brüning empfahl er daher bald darauf, die Frage der Beseitigung des polnischen Korridors zur „nationalen Willensforderung" zu machen.[258] Neben dem Selbstzweck würde der Öffentlichkeit so ein nationales Ziel gezeigt werden, das zur Überwindung der Depression beitrage.

II. 5. Völkerbund

Mit dem deutschen Eintritt in den Völkerbund 1926 begann die am meisten beachtete außenpolitische Tätigkeit Rheinbabens: seine Funktion als Delegierter bei den Tagungen des Völkerbundes in Genf.

Abseits seiner Tätigkeit bei den jährlichen Vollversammlungen der Mitglieder im September nahm er auch zahlreiche weitere Funktionen wahr: er gehörte er der II. Kommission des Völkerbundes an, der Kommission für Wirtschaftsfragen,[259] und nahm als Delegierter an der Opiumkonferenz des Völkerbundes (1929) und an der Internationalen Abrüstungskonferenz in Genf (1932-1933) teil.[260] 1933, kurz vor dem deutschen Austritt aus dem Völkerbund, wurde Rheinbaben zudem als Vizepräsident in den 4. Ausschuss des Völkerbundes, den Haushaltsausschuss berufen.[261]

Rheinbabens ursprüngliche Berufung als „Stellvertretender Delegierter des Deutschen Reiches beim Völkerbund" , wie die offizielle Bezeichnung seines Amtes lautete, erfolgte im August 1926 auf Veranlassung Stresemanns.[262]

In den ersten Jahren ihrer Tätigkeit in Genf setzte die deutsche Völkerbunds-Delegation sich aus drei Hauptdelegierten (Stresemann, dem Staatssekretär des Auswärtigen Amtes Carl von Schubert und dem Ministerialdirektoren im Auswärtigen Amt Friedrich Gaus) sowie vier „stellvertretenden Delegierten" zusammen.[263] Als stellvertretende Delegierte wurden vier

---

[257] Rheinbaben: *Zwölf Thesen*, S. 84.
[258] BAK/NL 02.
[259] Aufzeichnung Kuenzers vom 14. September 1926. (AdAA 4503/E 120 961-64)
[260] Rheinbaben: *Viermal*, S. 251. Insgesamt verbrachte er zwischen 1926 und 1933 zweieinhalb Jahre in Genf.
[261] *Breslauer Neueste Nachrichten* vom 27. September 1933.
[262] Telegramm Stresemanns an Rheinbaben vom 31. August 1926 (PAdAA 18).
[263] Diese offizielle Bezeichnung ist etwas irreführend: Sie suggeriert, dass es sich um „Nachrückmänner" im Falle von Ausfällen gehandelt habe. Tatsächlich waren die Ersatzdelegierten – im Gegensatz zu den beiden Staatsbeamten Schubert und Gaus – die Vertreter des Parlamentes in Genf. Daher wäre eine Trennung nach „beamteter Delegierter" und „parlamentarischer Delegierter" – ähnlich der heutigen Praxis in Ministerien parlamentarische und beamtete Staatssekretäre zu beschäftigen – sprachlich sinnvoller gewesen. Der Staatssekretär in der Reichskanzlei Pünder benutzt denn auch in einem Schreiben an das Auswärtige Amt vom 16. September 1926 (M 246/M 0110 575-77) aus Versehen eine ähnliche, nicht der offiziellen Sprachregelung

Reichstagsabgeordnete bestellt: der Prälat Kaas (für das Zentrum), Rudolf Breitscheid (für die SPD), Graf Bernstorff (für die DDP) und eben Rheinbaben (für die DVP). Diese Personalpraxis des Auswärtigen Amtes verfolgte namentlich zwei Ziele: außenpolitisch sollte so „die Mitarbeit von führenden, auch im Ausland bekannten, Mitarbeitern" gesichert werden.[264] Innenpolitisch hoffte man, durch die Auswahl von Abgeordneten aller entscheidenden Parteien, zum einen eine Geste der Überparteilichkeit auszusenden und zum zweiten sollten so feste Verbindungsmänner zu den Fraktionen gewonnen werden.[265]

Die Deutsche Liga für den Völkerbund unterschied 1926 drei „Gesinnungsgruppen" von Haltungen zum Thema Völkerbund: zum einen gäbe es diejenigen, die den Völkerbund als eine wertneutrale Realität ansehen, der man mit der Zeit in mühevoller Kleinarbeit einen positiven Wert zu verleihen habe; dann gäbe es noch die idealistischen Völkerbunds-enthusiasten, die in der Genfer Organisation die „vornehmste Weiterentwicklung des internationalen Rechtes sehen", und zuletzt die radikalen Nationalisten, die im Beitritt eine „Preisgabe nationaler Interessen" erblicken würden.[266]

Das Kennzeichen der beiden letzteren Gruppen sei, der Liga zufolge, ihr „weltfremder Radikalismus". Zur ersten Gruppe würden dagegen realistischere Menschen jeder Couleur gehören, die erkennen würden, dass die Probleme des politischen Lebens sich nicht durch „charaktervolle Konsequenz, sondern nur im Wege gegenseitiger Konzessionen lösen" ließen. Für diese Leute sei der Bund weder eine die „Niederungen der Tagespolitik überragende hehre Verwirklichung von Idealen" noch eine, „auf immer abzulehnendes" Gebilde, sondern schlicht eine Realität mit der man arbeiten müsse.[267] Die Regierung Luther-Stresemann sei, so das Urteil der Völkerbunds-Liga, im großen und ganzen ein Vertreter eben dieser Anschauung.[268]

Rheinbaben, der „Stresemannianer", ließ sich im ganzen gesehen, ebenfalls dieser Gruppe zuordnen. Den deutschen Völkerbundsbeitritt 1926 begrüßte er. Mit Verweis auf das Beispiel Ungarns, das Mitglied im Völkerbund war und trotzdem offen eine Revision seiner Grenzen anstrebte, wies er das Argument zurück, der Eintritt in den Völkerbund sei eine Anerkennung der, den meisten Deutschen verhassten, Grenzregelung von 1919: Ungarn habe bewiesen, dass Mitgliedschaft und Revisionswille miteinander einhergehen könnten, ergo sei dies auch im deutschen Falle möglich. Der Artikel 19 des Völkerbundpaktes könne daher nicht einseitig

---

entsprechende, aber sachlich treffendere Unterscheidung zwischen „Hauptdelegierten" und „parlamentarischen Delegierten".
[264] Runderlass des Auswärtigen Amts vom 18. Oktober 1926 (L 1537/L 466 055-11). In späteren Jahren wurde auch Hoetzsch von der DNVP in die Delegation aufgenommen (Hirsch: *Lebensbild*, S. 223).
[265] Hirsch: *Lebensbild*, S. 223.
[266] Liga: *Handbuch*, S. 26.
[267] Ebd.
[268] Ebd.

als Hindernis der deutschen Revisionswünsche betrachtet werden. Ganz im Gegenteil müsse man ihn sogar als ein Mittel zu ihrer Verwirklichung betrachten.[269]

Obwohl Rheinbaben sich selbst als „überzeugter Anhänger internationaler Zusammenarbeit"[270] beschreibt, und auch von anderen als solcher wahrgenommen wurde,[271] scheint er die Idee des Völkerbundes nur bedingt begriffen zu haben. 1939 schrieb er etwa, dass man „1926 (nur) aus Zweckmäßigkeitsgründen in den Völkerbund eingetreten" sei.[272] Und einem anderen Selbstzeugnis zufolge sah er den Völkerbund als eine „internationale politische Tribüne" für nationale Politik, also ein Forum, um den deutschen Wiederaufstieg zu einer Großmacht zu fördern.[273]

Das Urteil von Kimmich, dass gerade die deutschen Politiker das Neuartige der Institution „Völkerbund" nicht wirklich verstanden hätten, und statt den Völkerbund – als einer internationalen Institution – eine internationale (also die Interessen der gesamten internationalen Gemeinschaft im Auge habende) Politik zu betreiben, in Genf einseitig nationale Partikularinteressen verfolgt hätten,[274] trifft somit auch auf Rheinbaben zu. Die Idee vom Versäumnis der deutschen Delegierten den Völkerbund ein wahrhaft internationales, integratives Gesicht zu geben findet sich in der Literatur häufig. Spenz überlegte in diesem Sinne in den 1960er Jahren:

> „Deutschlands Mitgliedschaft [im Völkerbund] hätte die Idee der internationalen Organisation als eines echten und notwendigen Regulativs der modernen Staatenwelt rehabilitieren und mit größerer praktischer Bedeutung erfüllen können, nachdem diese Idee 1919 durch die Verbindung mit dem Versailler Vertrag schon im Keim aufs Schwerste kompromittiert worden war."[275]

Und Kimmich kritisiert, die Deutschen hätten in Genf nie gefragt, was sie beitragen könnten, sondern immer nur, was sie für sich selbst herausschlagen könnten, also nicht was sie dem

---

[269] Winzer: *Völkerbund*, S. 466. Der deutsche Beitritt wurde im übrigen durch einen ständigen Sitz im Völkerbundsrat und durch die vorläufige Exemption von den Verpflichtungen nach Artikel 16 des Völkerbundpaktes (Dexter: *Opportunity*, S. 196).

[270] Rheinbaben: *Viermal*, S. 278.

[271] Demaitre: *Eyewitness*, S. 188. nennt ihn: "One of the most fervent supporers of the League of Nations."

[272] Rheinbaben: *Unruhiges*, S. 175.

[273] Ders. *Viermal*, S. 253. An gleicher Stelle bemängelt er, dass Deutschland „nicht im entferntesten alle Möglichkeiten ausgenutzt" habe, „die ihm der Völkerbund geboten" habe.

[274] Kimmich: *Germany*, S. viii. Wörtlich schreibt Kimmich: "The Germans' assumptions about the League, their formulation of policy, and the style of their diplomacy all show that the never truly understood this novel system of conducting international affairs."
Im weiteren wird er noch deutlicher: "All German statesmen from Stresemann to Hitler regarded the League as a means for advancing German interests, and all endorsed it to the extent that it in fact advanced these interests. None prized it for the advantages and protection it could offer a defeated and disarmed country; none recognized it as a new approach to old problems of international disorder and insecurity."

[275] Spenz: *Vorgeschichte*, S. 173.

Völkerbund geben, sondern was er Völkerbund ihnen geben könnte. Dies gipfelt in der Feststellung:

> „Germany and the League were incompatible; the very concept of the League was alien to German thinking. The League represented an attempt to apply the lessons of the democratic experience to relations between states and place international politics into a setting in which member states could settle their differences peaceably and openly." [276]

Beinahe demaskierend wirkt vor diesem Hintergrund Rheinbabens Äußerung in der Nazizeit: „Der Völkerbund von 1918/19 hat sich als ein armseliger Kompromiss von praktisch unausführbaren Ideen erwiesen."[277]

Dieses Unverständnis des Völkerbundsdelegierten für die Idee des Völkerbundes wurde allerdings erst nachträglich klar erkannt. Während seiner Mandatszeit waren nur wenige der Meinung, dass er für diesen Posten ungeeignet sei. Ebenso wie der deutsche Eintritt in den Völkerbund 1926 lebhaft begrüßt wurde,[278] stieß auch Rheinbabens Tätigkeit in Genf zunächst weitgehend auf Anerkennung. Dies schlägt sich schon allein darin nieder, dass er nach seiner Erstentsendung 1926 in den sechs Folgejahren stets wiederberufen wurde. Der Staatssekretär des Außenministeriums von Bülow schrieb in diesem Sinne: „Diese Zusammensetzung hat sich durchaus bewährt." [279]

Freilich gab es auch kritische Stimmen: So griffen die *Westfälischen Neuesten Nachrichten* Rheinbaben in einem Artikel vom 25. September 1928 wegen seiner Polemiken „gegen Maßnahmen bei Abschluss des Vertragswerkes von Locarno" (und damit gegen seinen eigenen Parteiführer) scharf an, und wetterte, er zeige ein „Gefühl von Verantwortungslosigkeit", dass der SPD-Delegierte Breitscheid sich beispielsweise nicht erlauben könnte.

Den Völkerbund wertete Rheinbaben zwar als eine deutsche Chance, unablässig schimmerte bei ihm jedoch auch der Gedanke durch, dass dieser ein Instrument Großbritanniens und Frankreichs zur Durchsetzung ihrer persönlichen Interessen und zur Befestigung des *status quo* von 1919 sei.

---

[276] Kimmich: *Germany*, S. 201. Die Verantwortung einer Großmacht, „Frieden und Stabilität" zu fördern verstanden die Deutschen in Genf, nach Kimmich (Kimmich: *Germany*, S. 202) nicht.
[277] Rheinbaben: *Befreiungskrieg*, S. 111.
[278] Spenz: *Vorgeschichte,*, S. 173. Spenz betont zumal den stürmischen Beifall, der den Einzug der deutschen Delegation in den Sitzungssaal des Völkerbundes am 10. September 1926 begleitete.
[279] Ebd.

Mit der Auffassung vom Völkerbund als einem Werkzeug der Westmächte stand Rheinbaben nicht alleine da. Ähnliche Auffassungen finden sich etwa bei Truckenbrodt[280] und Oeri[281] und in einer Schrift der Deutschen Liga für den Völkerbund von 1926. Diese erklärte, dass „Völkerbundentscheidungen bisher in Wahrheit nichts anderes als Kompromisse der französischen und englischen Politik" gewesen seien, auf die Deutschland keinen Einfluss hätte nehmen können. „Locarno" bedeute jedoch „den Versuch einer Wiederherstellung des kontinentalen Gleichgewichtes unter starker Betonung des deutschen Faktors." Es sei daher als der Beginn einer „neuen politischen Epoche für Deutschland" anzusehen.[282]

Und bei Otto Bauer vollzieht sich die halb-positive halb kritische Urteil der Liga für Völkerbund endgültig in eine positive Beurteilung. Er meint, dass Deutschland als Mitglied des Völkerbundes und Inhaber eines ständigen Sitzes im Rat des Völkerbundes sehr viel für sich herausgeholt habe. So sei es „wieder als großer, führender, selbständiger Staat" anerkannt. Es sei somit nicht mehr das „willenlose Objekt der großen Politik", sondern könne „selbständig seine Entscheidung mit in die Waagschale legen.[283]

Den deutschen Austritt aus dem Völkerbund lehnte Rheinbaben eigenen Angaben zufolge ab.[284] Im Gespräch mit Hitler hatte er, wie auch Nadolny, in den Monaten von Februar bis Oktober 1933 versucht, den „Führer" von den Vorteilen eines Verbleibs in der Internationalen Organisation zu überzeugen.[285] Es half nichts: am 4. Oktober wurde der Austritt aus der Liga der Völker auf Hitlers Weisung offiziell vollzogen, nachdem die übrigen Großmächte sich nicht bereit gefunden hatten eine sofortige deutsche militärische Gleichberechtigung zuzugestehen und stattdessen darauf bestanden, dass das Reich noch eine „Bewährungsperiode" (probation period) durchmachen müsse. Rheinbaben spielte bei diesem Vorgang eine auffällige Rolle, da es ihm zufiel, den Austritt in Genf offiziell zu verkünden und als letzter zum Reden bevollmächtigter Delegierter auf der Abrüstungskonferenz aufzutreten.[286]

---

[280] Truckenbrodt: *Angelegenheiten*, S. 14.
[281] Oeri: *Zehn Jahre*, S. 5. Er meint, der Völkerbund habe „neben gerechten auch manche ungerechten Zustände" stabilisiert.
[282] League of Nations: *Handbuch*, S. 28.
[283] Bauer: *Völkerbund*, S. 29.
[284] Rheinbaben: *Viermal*, S. 279 spricht im Zusammenhang mit dem Austritt von einem „kapitalen Fehler" der Außenpolitik. Mit ihm habe die politische Isolierung begonnen. Dies findet sich bestätigt durch das Zeugnis Rauschnings (Rauschning: *Destruction*, S. 251), der berichtet, Rheinbaben hätte ihm bei einer Begegnung im November 1933 gesagt, er hoffe dass der deutsche Rückzug aus der Liga nur befristet sei. Eine endgültige Zerstörung des Völkerbundes wäre eine Tragödie, da die Welt nie wieder die Courage aufbringen würde, um eine derartige Institution zu schaffen."
[285] Ebd., S. 273. Es sei „unbedingt zu empfehlen, Deutschland im Völkerbund zu belassen" empfahl er dem „Führer". Und „Wir müssen weiter positiv am Zustandekommen eines Rüstungskompromisses mitarbeiten."
[286] Ebd., S. 251.

Man hätte, so Rheinbabens Meinung, den Austritt aus der Organisation nicht endgültig machen sollen, sondern ihn, wie Spanien und Brasilien in den 1920er Jahren, als Druckmittel zur Durchsetzung eigener Forderungen benutzen und dann, nach ihrer Erfüllung, nach Genf zurückkehren sollen.[287] Detaillierter führte er aus:

> „Auch Deutschland hätte bei richtigem Verhalten von der neuen Methode manche Vorteile haben
> können. Insbesondere wäre es für ein wiedererstarktes, gleichberechtigtes, d.h. auch gleichgerüstetes
> Deutschland innerhalb der Genfer Institution möglich gewesen, seine Revisionsforderungen mit
> Aussicht auf Erfolg zur Diskussion zu stellen und damit zugleich sich und der Welt das Risiko und die
> Zerstörungen eines neuen Krieges zu ersparen.“[288]

Ob Rheinbaben mit seiner Ansicht richtig liegt muss jedoch in Frage gestellt werden. Wie Kimmich feststellt, waren sich alle Beobachter in Genf einig, dass die vom britischen Außenminister John Simon am 14. Oktober vorgetragene Rede, in der dieser darauf beharrte, dass die deutsche Gleichberechtigung nicht sofort sondern erst nach dem Ablauf einer Bewährungsperiode zugestanden werden könnte, nur ein Vorwand und nicht der wirkliche Grund für den Austritt war. Die Entscheidung zum Austritt sei bereits vor Simons Rede getroffen gewesen.[289]

Rheinbaben gestand dies indirekt ein, wenn er spekulierte, dass ohne die „Machtergreifung" 1933 wahrscheinlich eine Abrüstungskonvention erreicht worden wäre. Im übrigen wäre man, wenn er zu entscheiden gehabt hätte, in der Lage, die sich nach Machtergreifung und Probation-Vorschlag ergab, zwar (vorläufig) aus der Abrüstungskonferenz ausgetreten, nicht aber aus dem Völkerbund.[290]

---

[287] Ebd., S. 280.
[288] Ebd.
[289] Kimmich: *Germany*, S. 190. Den Austritt aus dem Völkerbund 1933 charakterisiert Kimmich zurecht als eine politische Entscheidung, die an der äußeren rüstungspolitischen Frage nur aufgehängt worden sei (Kimmich: *Germany*, S. 307). Rheinbaben selbst räumte später ein die Bewährungsfrage sei nur „ein Vorwand für den [...] längst beschlossenen Rückzug aus Genf" gewesen (*Viermal*, S. 276).
Im einzelnen sah der so genannte MacDonald-Plan vom 16. Juni 1933 vor: umfassende Abrüstung durch eine Stärkung der europäischen Sicherheit zu erreichen. In einer Übergangsperiode von fünf Jahren unter Aufsicht der ständigen Abrüstungskommission sollten die hochgerüsteten Staaten ihre Rüstungs- und Truppenvolumina einem festzusetzenden Maß anpassen (quantitative Abrüstung). Angriffswaffen sollten allmählich komplett abgeschafft werden und nur Verteidigungswaffen übrig bleiben (qualitative Abrüstung). Deutschland sollte am Ende dieser Phase über 220.000 Truppen verfügen wie Frankreich, Italien und Polen. (S. 177) Beunruhigt durch die Missachtung der bürgerlichen Freiheiten in Deutschland seit dem Regierungswechsel vom 30. Januar 1933 beschlossen die Führungsmächte des Völkerbundes – bei grundsätzlicher Festhaltung am MacDonald-Plan – im Oktober, dessen Umsetzung zu verzögern. Das „so unruhig gewordene Deutschland" müsse eine Bewährungsperiode von mehren Jahren durchmachen. Dem endgültigen Gleichziehen des Reiches in Rüstungs- und Truppenstärke sollte eine so genannte *probation period* vorgeschaltet werden, in der es seine anhaltende Friedfertigkeit beweisen sollte. Wenn diese Periode erfolgreich durchlebt sei, Deutschland sich vor den Augen der Welt „bewährt" hätte, würde es auf eine Ebene gestellt (S. 178).
[290] Rheinbaben: *Viermal*, S. 330.

Für das Scheitern des Völkerbundes machte Rheinbaben später zwei Gründe verantwortlich. Einmal die amerikanische Nichtbeteiligung an der Genfer Organisation. Und zum zweiten das „fehlende Entgegenkommen" der beiden Vormächte im Völkerbund, Großbritannien und Frankreich. So wehmütelte er rückschauend: „Der Völkerbund bestünde noch heute, hätte seine prominenten Mitglieder unter Duldung der Vereinigten Staaten wenigstens die Abrüstung nicht scheitern lassen."[291] Man hätte „Lebensbedingungen schaffen" müssen, die die „Anwendung des Krieges als Mittel der Politik überflüssig machen" würden. Amerika habe sich Europa gegenüber verhalten, „wie ein Mann der eine kunstvolle Uhr mit der Axt zerschlagen hat und sich dann umdreht und alles so liegen lässt, wie es gerade liegt."[292] Konkreter meint er, dass das Fehlen der USA im Völkerbund zur Folge gehabt hätte, dass kein Gegengewicht zu den Franzosen da gewesen sei:

> „Verschiedene Versuche, die französischen Reparationsforderungen auf ein vernünftiges Maß herabzudrücken, schlugen fehl, weil der englische Delegierte mit entsprechenden Vorschlägen gegenüber dem französischen und dem belgischen Mitgliedern bei Stimmenthaltung oder Versagen des italienischen Delegierten in der so genannten Reparationskommission der Minderheit blieb." [293]

Direkt zu Großbritannien und Frankreich meint er, dass Frankreichs „engstirnige und verkrampfte Sonderpolitik" gegenüber Deutschland gepaart mit dem Nichteingreifen Englands den Völkerbund „ausgehöhlt" habe und so „wirkungslos" habe werden lassen.[294]

II.6. Abrüstung und Reichswehr

In seiner Schrift *Die zweite Nachkriegsepoche* von 1930 zeichnet Rheinbaben mit Blick auf seine Heimat das Bild einer wehrlosen Nation: in einer Reihe von Vergleichslisten skizziert er die Ohnmacht des Deutschen Reiches im Vergleich zu seinen Nachbarn anhand der Ungleichheit der Waffenarsenale die die verschiedenen Länder besitzen.
So rechnete er vor, dass auf je 10 km gemeinsamer Grenze Deutschland 243 Mann und 2 Maschinengewehre aufmarschieren lassen könne, Polen hingegen 11.188 Mann, 7 leichte Geschütze, 32 leichte Maschinengewehre, 22 schwere Maschinengewehre, einen Kampfwagen, und 5 Flugzeuge. Frankreich könne Deutschland auf 10 km gemeinsame Grenze 69.122 Mann, 23 leichte Geschütze, 25 schwere Geschütze, 3 Flak-Geschütze, 318

---

[291] Ebd., S. 263.
[292] Ders. *Entstehung*, S. 62. Das gleiche Bild benutzt Rheinbaben in *Viermal*, S. 203. Dort spricht er von den USA nach 1919 als „Leute die eine Taschenuhr zerschlagen und sich dann achselzuckend abwenden."
[293] Ders. *Viermal*, S. 206.
[294] Ebd., S. 265.

leichte Maschinengewehre, 258 schwere Maschinengewehre, 41 Kampfwagen und 36 Flugzeuge entgegenstellen.[295]

Umrahmt werden diese Aufzählungen mit suggestiven Illustrationen von Truppen, die sich wie kleine Schacharmee gegenüberstehenden. Die deutsche Seite bietet dabei naturgemäß ein „herzzerreißendes" Bild, kann sie doch weitaus weniger kleine Figürchen aufreihen, als die Gegenseite.

Was Rheinbaben dabei geflissentlich übersieht, sind einmal die, im Sinne der Friedensverträge, mehr oder weniger legalen deutschen Reserven, wie die kasernierte preußische Sicherheitspolizei und die privaten Wehrsportorganisationen, und zum zweiten die illegalen Reserven der Reichswehr, namentlich die geheimen Waffenarsenale und Rüstungsprojekte der Reichswehr, deren bloße Existenz er zwischen 1925 und 1933 wiederholt, wider besseren Wissens, abstreitet.[296]

Dass Rheinbaben von der Existenz dieser Arsenale und Projekte wusste, kann als gesichert angesehen werden. Einmal entbehrt es jeder inneren Wahrscheinlichkeit, dass er 1923 als Chef der Reichskanzlei nichts von der heimlichen Kooperation Deutschlands und Russlands mitbekommen haben soll. Hinzu kommt, dass Rheinbaben sowohl mit Ago von Maltzan, einem der „Väter" des Rapallo-Vertrages von 1922, der die Zusammenarbeit in die Wege leitete, als auch mit Kurt von Schleicher, der die militärische Zusammenarbeit beider Staaten im Reichswehrministerium koordinierte, eng befreundet war. Als Vertreter seiner Partei im Auswärtigen Ausschuss des Reichstages war Rheinbaben zudem derjenige DVP-Politiker, den über diese heimliche Partnerschaft zu informieren aus Stresemanns Warte am logistischen war. Dass er durch keine dieser Quellen über die Kooperation orientiert war ist nahezu undenkbar.

Hinzu kommt, dass die deutsch-russische Kollaboration in der Waffenproduktion, seit einer Reichstagsrede des SPD-Politikers Gustav Scheidemann 1926, in der er diese enthüllte, allgemein bekannt war. [297]

Auch das von Rheinbaben 1930 gezeichnete Bild der „militärischen Ohnmacht" hält einer genaueren Betrachtung nicht stand.

---

[295] Rheinbaben: *Nachkriegsepoche*, S. 21. Weitere Listen erläutern die 10 km Ratio zur Tschechoslowakei u.a. Ländern.
[296] Die Zusammenarbeit der Roten Armee mit der Reichswehr und der deutschen Industrie war dabei erheblich: Nach Plehwe: *Schleicher*, S. 67 umfasste sie: den Bau einer Zweigstelle der Dessauer Junkerswerke zur Herstellung von Metallflugzeugen und Motoren in Fili bei Moskau; eine deutsch-russische Aktiengesellschaft zum Aufbau einer chemischen Fabrik für Giftgas bei Samara; ein deutsches Flugzentrum in Lipezk nördlich von Woronesch zur Schulung deutscher Piloten, eine 1927 gegründete Gas-Schule in Saratow an der unteren Wolga für deutsche Spezialisten; und eine Kampfwagenschule in Kasan an der mittleren Wolga. Außerdem durfte die Reichswehr in Russland Artilleriemunition herstellen, deren Produktion in Deutschland unmöglich war. Im Gegenzug leistete man technische Hilfe beim Aufbau bestimmter Bereiche der sowjetischen Rüstungsindustrie.
[297] Dexter: *Opportunity*, S. 200

Der alte Clemenceau beispielsweise wurde nicht müde, die fehlende deutsche Abrüstung anzuprangern: so rechnete er vor, dass Deutschland gemäß Artikel 16 des Versailler Vertrags maximal 102.000 Gewehre besitzen dürfte. Aus den Budgets der Jahre 1925 bis 1930 gehe indessen hervor, dass das Reich seit 1925 300.000 Gewehre und 20 Maschinengewehre hergestellt habe. Zudem habe es anstatt der erlaubten 450.000 Stück Artilleriemunition 2,5 Mio. Stück hergestellt.[298]

Weiter verweist Clemenceau auf die höheren Geburtenraten in Deutschland[299] und die höhere Industriekraft, die es ermögliche „fehlendes Material aus eigenen Mitteln schaffen zu können."[300]

Mit Herriot bestätigte ein weitaus gemäßigterer französischer Politiker als Clemenceau die „bedrohliche" höhere deutsche Wirtschaftskraft in seinem Buch *Vereinigte Staaten von Europa*: in einer Übersicht legte er dort dar, dass Deutschland neben England das einzige europäische Land war, das eine derart starke Wirtschaft besaß, dass es Investitionen aus Überschüssen finanzieren konnte – Frankreich sei hingegen mit drei Millionen Pfund von ausländischem Kapital abhängig.[301]

Das Argument, dass das deutsche Material für einen Krieg des 20. Jahrhunderts nicht reichen würde, wies er unter Berufung auf Seeckts Buch *Gedanken eines Soldaten* zurück. Da Materialien in der modernen Zeit schnell überholt seien, bestünde für die Deutschen gar kein Anreiz dazu, große Reserven anzulegen. Viel wichtiger sei es, einige Modelle (Prototypen) herzustellen und die Infrastruktur bereit zu haben, um diese binnen kurzer Zeit in Serienfabrikation vervielfältigen zu können. Entscheidend hierfür sei lediglich die Möglichkeit, Fabriken schnell von Friedens- auf Kriegszustand und -produktion umzustellen.[302] Aus diesem Grunde habe Rheinbabens Kollege Bernstorff in der Genfer Abrüstungskommission auch eine Begrenzung der Kriegsmaterialvorräte vorgeschlagen, einer

---

[298] Clemenceau: *Tragik*, S. 257.
[299] Ebd., S. 263. Die Bevölkerung „erhält sich jedenfalls auf einem der französischen Bevölkerung weit überlegenen Stand."
[300] Ebd.
[301] Herriot: *Vereinigte*, S. 162. Deutschland habe 1929 Unternehmungen im Wert von + 11,4 Mio. Pfund und würde 28, 8 Mio. Pfund nationales Kapital in diese investieren. Dies sei ein Plus von 17, 5 Mio. Frankreich hingegen habe Unternehmungen im Wert von 11,35 Mio. Pfund und hatte 8,4 Mio. investiert. Dies sei ein Minus von 2,95 Mio.
[302] Clemenceau: *Tragik*, S. 260.

Begrenzung des Militärbudgets jedoch nicht zustimmen wollen.[303] Das deutsche Wehretat sei ohnehin um 1/3 höher als der französische (1928: 6 Mrd. zu 8 Mrd.).[304]

Dexter wies zudem darauf hin, dass der Reichswehretat zwischen 1924 und 1928 in auffälliger Weise gestiegen sei (von 490 Millionen auf 897 Millionen). Verdächtig sei das Hochschnellen der Ausgaben zudem, wenn man bedenke, dass es just nach dem Abzug der Alliierten Kontrollkommission 1927 erfolgt sei.[305]

Clemenceau fuhr fort, auf den Bau enormer Transportumschlagplätze in der entmilitarisierten Zone im deutschen Westen hinzudeuten (Bahnhöfe im Rheinland die täglich 120 Züge abfertigen könnten). Dies sei ein klarer Verstoß gegen den in Artikel 43 des Versailler Vertrags festgeschriebenen Verzicht auf die Unterhaltung von Strukturen, die im Kriegsfall eine Erleichterung der Mobilmachung ermöglichen würden. Ähnliches gelte für den Autostraßenbau im Eifelgebiet und den unverhältnismäßigen Ausbau des Postautomobildienstes (Kraftwagen mit einem Fassungsvermögen von mehr als 40 Personen) hin.[306] In die gleiche Kerbe schlagend wies Geigenmüller in seiner Briand-Biografie auf die verdächtig erscheinende Erhaltung „überflüssiger", d.h. leerstehender, deutscher Kasernen im Staatsbesitz hin.[307]

Clemenceau letzter Punkt war schließlich die effektiv höhere Mobilisierungsstärke Deutschlands im Kriegsfall. Mit seiner Schutzpolizei (140.000 Mann) und den Wehrsportverbänden, die als Sportvereinigungen getarnt seien, könne es den 240.000 Mann französischen Verteidigungstruppen im Falle eines Falles sofort 480.000 Mann entgegenstellen.

Die Mannschaften der Reichswehr würden seit 1926 nämlich nicht mehr der Reichswehr selbst einverleibt, sondern in die privaten Sport-Vereinigungen geschickt, „die die Ausbildung [ersatzweise] besorgen" würden.[308] Als Beleg hierfür wertete er den Reichshaushalt für 1929, der bei 100.000 Mann Truppenstärke 3.798 Offiziere und 20.880 Unteroffiziere auf 74.020 Mannschaften vorsah (d.h. einen Offizier oder Unteroffizier auf 3 Mann). Der riesige

---

[303] Ebd. Clemenceau bleibt seine Quelle für diese Behauptung schuldig, wahrscheinlich spielt er jedoch auf eine Erklärung der Delegationen von Großbritannien, Chile, Italien, Japan, den Niederlande, Finnland den USA und auch Deutschland zum Thema „Proportion of total Budget Expenditure devoted to National Defence" an. Dort heißt es die Unterzeichner seien: "Of [the] opinion that the percentage of its total budget expenditure which a given country devotes to its national defence could not be regarded as a factor for estimating the military effort made by that country without inducing comparisons which would be both misleading and unfair, between the different countries. [...] Military expenditure must be estimated with reference to the requirements of national security and not to the financal situation of the country as shown by budgets." (Leage of Nations: *Preparatory Commission for the Disarmament Concerence*, Genf 1926, Bericht des 2. Unterausschusses).

[304] Clemenceau: *Tragik*, S. 270.

[305] Dexter: *Opportunity*, S. 200.

[306] Ebd.

[307] Geigenmüller: *Großer Europäer*, S. 163.

[308] Briand: *Tragik*, S. 263. Anders, so Briand, sei auch die Nichtauflösung des Stahlhelm-Kampfbundes nicht zu erklären.

Überhang an Offizieren diene offensichtlich dazu im Bedarfsfall die geheimen Reserven zu befehligen.[309]

Sein Fazit: „Zusammenfassend müssen wir wohl feststellen, dass Deutschland nicht nur nicht abrüstet, sondern im Gegenteil aufrüstet."[310] Und an anderer Stelle: „Sie werden noch über uns herfallen, wenn der richtige Augenblick gekommen ist. [...] In zehn Jahren werden wir wieder Krieg haben."[311]

Clemenceau als Vertreter des äußeren rechten Flügels im Spektrum der französischen Politik muss natürlich mit Bedacht bewertet werden. Da seine Aussagen auf Fakten basieren und durch andere Autoren bestätigt werden, kann ihre Richtigkeit im Kern aber nicht bezweifelt werden.

Unterm Strich geht aus ihnen klar hervor, dass die von Rheinbaben behauptete militärische Schwäche des deutschen Reiches mehr Fassade als tiefere Wirklichkeit war.

II.6.1 Die Genfer Abrüstungskonferenz 1932/1933

Vor dem Hintergrund des tatsächlichen deutschen Rüstungsstandes in der späteren Weimarer Zeit, wirkt die Forderung, mit der Deutschland 1932 in die Genfer Abrüstungskonferenz zog, – Anerkennung der militärischen Gleichberechtigung des Reiches – etwas aufgeblasen. Wenn die Gleichberechtigung auch formal noch nicht anerkannt war – faktisch war sie längst vollzogen. Abseits von prestigepolitischen Aspekten kam ihr kaum noch eine Bedeutung zu: die Alliierten hatten, trotz des Bekanntwerdens des Experimentierens der Reichswehr mit verbotenen Waffen, und trotz der heimlichen Aufstockung der deutschen Arsenale in den 1920er Jahren, nicht interveniert. Sie hatten sogar den Abschlussbericht der Interalliierten Kontrollkommission von 1926, aus dem die deutschen Verstöße hervorgingen, stillschweigend zu den Akten gelegt, um den lieben Frieden nicht zu stören. Das äußerste was die Alliierten zu Wege brachten war eine Beschwerde Briands an den deutschen Kanzler Müller, man sei „bitter enttäuscht" über die heimliche Wiederaufrüstung.[312]

Rheinbabens Rolle in der Genfer Abrüstungskonferenz war eine denkbar exponierte. Neben seiner Tätigkeit als deutscher Vertreter im Ausschuss für Flottenfragen fungierte er als Ersatzmann des Delegationsführers Rudolf Nadolny als stellvertretender Leiter der deutschen

---

[309] Clemenceau: *Tragik*, S. 264. Das Klima der Hochschulen, an denen die Professoren ihren Schülern unaufhörlich das „Deutschland über alles" einpauken würden, täten ihr übriges zur geistigen Aufrüstung.
[310] Clemenceau: *Tragik*, S. 264
[311] Fuchs: *Clemenceau*, S. 154.
[312] Baimort: *Briand*, S. 74.

Delegation.[313] Im Anschluss an die Konferenz hoffte er Mitglied der im Rüstungskompromiss vorgesehenen internationalen Kontrollkommission über die Einhaltung der getroffenen Vereinbarungen zu werden."[314]

Die Genfer Abrüstungskonferenz für die „Herabsetzung und Begrenzung der Rüstung" wurde für den 2. Februar 1932 einberufen, nachdem die am 12. Dezember 1925 eingesetzte sogenannte „Vorbereitende Kommission für die Abrüstungskonferenz" von 1925 bis 1930 sechs Tagungen abgehalten hatte, die ohne Ergebnis geblieben waren.[315] Die Kommission löste sich dann im Dezember 1931 endgültig auf, nachdem sie einen vorläufigen Abkommensentwurf für die Herabsetzung der Rüstungen sowie einen Schlussbericht ausgearbeitet hatte.[316]

Deutschland beabsichtigte das Forum der Konferenz zu benutzen, um die militärischen Restriktionen zunächst zu vermindern und dann, in einem zweiten Schritt, abzuschütteln.[317] Dabei gestand er niemals zu, dass das Reich im Gegenzug mehr als Versicherungen des guten Willens erbringen müsse.[318] Rheinbaben ging mit dem Vorsatz in das Jahr der Abrüstungskonferenz, die Gleichheit in naher Zukunft zu erzwingen. Falls die ehemaligen Alliierten die Gleichheit nicht von sich aus zugestehen würden – wenn die multilaterale Konferenz die erstrebte Gleichheit nicht erbringen würde – sei man genötigt, so eröffnete Rheinbaben 1932 seinen Lesern in der Schrift *Genfer Abrüstungskonferenz – Und was nun?*, Schleicher zitierend, „die nationale Sicherheit auf nationalem Wege herzustellen."[319]

Zum Hebel der deutschen Forderungen wurden die Bestimmungen des Versailler Vertrages: Diese sahen vor, dass der einseitigen deutschen Abrüstung, zeitversetzt ein Nachziehen der alliierten Mächte folgen sollte. Die Deutschen traten nun mit der Forderung auf, dass jetzt entweder die Alliierten ihrerseits abrüsten müssten oder, wenn sie dies nicht wollten, sie umgekehrt dem Reich das Recht zugestehen müssten, seinerseits aufzurüsten.[320]

---

[313] Rheinbabens hoher Rang in der Delegation ist erstaunlich, wenn man bedenkt, dass er 1931 gegen den Widerstand der SPD, der stärksten Partei im Reichstag, nominiert wurde. Siehe dazu Besprechung des Reichskanzlers mit Abgeordneten der SPD am 19. August 1931. (BAK: *Die Kabinette Brüning I und II*, Dokument Nr. 451). In einem Vermerk des Ministerialdirektors von Hagenow über die Besprechung heißt es: „Das ist ein unmöglicher Zustand für die Sozialdemokratische Partei." Man habe kein Verständnis dafür, dass ehemalige Parlamentarier, noch dazu solche der Rechtsparteien zu Delegierten bestellt würden. Man müsste daher größten Wert darauf legen, dass Rheinbaben nicht nach Genf fahre.
[314] Rheinbaben: *Viermal*, S. 302.
[315] Cecil bezifferte die internationalen Rüstungsausgaben 1932, nach dem endgültigen Ende der Tagungen der Vorbereitenden Kommission auf die damals exorbitante Summe von 4,5 Mrd. Dollar.
[316] League of Nations: *Handbuch*, S. 155.
[317] Kimmich: *Germany*, S. viii.
[318] Ebd.
[319] Rheinbaben: *Was nun?*, S.55. An gleicher Stelle unterstreicht Rheinbaben, dass er „in diesem Sinne" in Genf gearbeitet habe.
[320] Namentlich stützte Deutschland sich als Grundlage seiner Abrüstungsforderung auf die Einleitung zu Teil V des Versailler Vertrages, die den Versailler Vertrag begleitende Mantelnote Clemenceaus vom 16. Juni 1919, der Locarno-Vertrag, Artikel 8 des Völkerbundpaktes und die Resolution des Völkerbundes vom 25. September

Während der Ausschusssitzungen der Konferenz trat Rheinbaben unter anderem mit der Forderung nach einer weltweiten Abschaffung der Waffensysteme Flugzeugträger und U-Boot,[321] der Forderung nach einer wirksamen Kontrolle der Waffenherstellung und des Waffenhandels[322] sowie durch seine Zurückweisung der französischen Kritik an der Konstruktion der Linienschiffe der Deutschlandklasse[323] hervor. Wie er es in den Vorbesprechungen der deutschen Delegation zur Konferenz bereits angekündigt hatte, arbeitete er in Genf insbesondere an einer Verständigung mit Frankreich – schon allein weil eine Einigung Deutschlands und Frankreichs erforderlich sei, um die Amerikaner dazu zu bewegen, die französischen Kriegsschulden zu streichen und den Franzosen somit die Streichung der deutschen Reparationen möglich zu machen.[324] Als seinen wichtigsten französischen Verhandlungspartner in Genf nennt Rheinbaben den Senatoren Henry de Jouvenal.[325]

Für das Scheitern der Abrüstungskonferenz machte Rheinbaben zwei Gründe verantwortlich: Einmal den „zähen Willen Frankreichs, Deutschland in den Fesseln der Entwaffnungs-bestimmungen von Versailles festzuhalten."[326] Und zum zweiten die „demütigende Forderung einer Probezeit für gutes Betragen."[327] In toto: die Konferenz habe Deutschland nicht rechtzeitig Gleichberechtigung und *fair play* gegeben.[328]

Der französische Sozialist Leon Blum, fasste das Dilemma der Rüstungsfrage, an dem die Konferenz scheiterte, 1931 wie folgt zusammen:

> „Warum bleiben wir also bewaffnet, wo wir doch immer wieder unseren Friedenswillen und unseren Verzicht auf den Krieg beteuern? Weil wir misstrauisch und argwöhnisch geblieben sind. Keiner will sich festlegen, weil er seinem Nachbar misstraut; keiner will abrüsten, aus Angst der Nachbar könne seine Waffen behalten." [329]

1928.

[321] *Schlesische Zeitung* 4. Mai 1932.

[322] *Berliner Börsen Zeitung*, 8. Mai 1932.

[323] Rheinbaben: *Was nun?*, S. 36. Etwas eigenlobend meint er ebendort „der deutsche Delegierte" im Flottenausschuss (d.h. er) habe eine Antwort gegeben, „in der er jedes Argument des Franzosen widerlegte."

[324] Hoetsch an das AA, Paris 26. Mai 1932 (AdAA 7360/E 535 337-40). Ausdrücklich warnte er vor einem „Versacken" der Konferenz bevor die Streichung der Reparationen erreicht sei (die Papen schließlich im Juni in Lausanne erhielt). Um eine Entscheidung in der Gleichberechtigungsfrage zu erreichen schlug Rheinbaben vor, durch die Einbringung eines Gegenentwurfs in die Genfer Konferenz diese Grundsatzfrage systematisch aufzurollen. (Aufzeichnung Frohweins vom 7. Januar 1932, AdAA 9095/H 222 121-28).

[325] Rheinbaben: *Viermal*, S. 270.

[326] Ders. *Befreiungskrieg*, S. 13.

[327] Ebd. Siehe auch Rheinbaben: *Unruhiges*, S. 18 meint, die „eigenartigen Methoden der Demokratie hätten Deutschland zum Austritt aus der Abrüstungskonferenz" (der Rücktritt Frankreichs und Großbritanniens vom MacDonald-Kompromis im September mit Blick auf die Berichte über die Vorgänge in Deutschland seit dem Reichstagsbrand) gezwungen.

[328] Rheinbaben: *Viermal*, S. 266.

[329] Blum: *Abrüstung*, S. 95.

III. Fazit

Zusammenfassend lässt sich zu dem Außenpolitiker Rheinbaben folgendes festhalten: in den meisten außenpolitischen Fragen stand er weit rechts – was in Anbetracht seiner sozialen Herkunft, als Angehöriger des Hochadels, und seines beruflichen Werdegangs als Marineoffizier und kaiserlicher Diplomat vor 1919 nicht weiter verwundert. Wie die meisten seiner Standesgenossen, und die meisten Männer seines beruflichen Hintergrundes, war Rheinbaben in seinem Denken erheblichen Befangenheiten unterworfen. So war er nicht in der Lage, bestimmte überkommene abstrakte Prinzipien (die Idee von der Nation, den Großmacht-Gedanken, die Vorstellung vom Recht auf Teilnahme am kolonialen Geschachere usw.) intellektuell zu hinterfragen, geschweige denn, sie zu überwinden.

Anders als bei den meisten, die ihm gedanklich nahe standen, artete Rheinbabens geistige Arretiertheit in diesen Prinzipien jedoch nicht in einer unfruchtbaren Fundamentalopposition nach der Art der DNVP aus. Zumindest in der Methode seiner Politik war er ein Vernunftpolitiker, der sich von den Realitäten leiten ließ. Während Männer wie Hugenberg unrealistische Ziele mit unrealistischen Mitteln anstrebten, erstrebte Rheinbaben (partiell) unrealistische Ziele mit realistischen Mitteln. Dies kann man, mit Einschränkungen, als eines der Hauptunterscheidungsmerkmale zwischen der gemäßigten (oder gemäßigt radikalen) Rechtspartei DVP und der radikalen (ultraradikalen) DNVP sehen.

Als „Stresemannianer" war die Methode von Rheinbabens Außenpolitik im wesentlichen das Setzen auf eine „evolutionäre" Entwicklung zum (aus seiner Sicht) Positiven durch eine allmähliche Besserung der internationalen Beziehungen. Dabei erwartete er allerdings – wohl unbewusst – in einer merkwürdig bequemen Art stets, dass die evolutionäre Bewegung zum „Besseren" von der anderen Seite ausgehen müsste, während er für sich selbst keine Veranlassung sah zu dieser Entwicklung einen Beitrag zu leisten, indem er seinerseits auf die Gegenseite zuging. Anstatt in Erwiderung auf die französisch-britischen Teilrevisionen der Versailler Friedensordnung in den Jahren 1925 bis 1933 seinerseits zumindest Teile der Friedensregelung von 1919 dauerhaft anzuerkennen, betrachtete Rheinbaben alle Regelungen von Versailles (außer vielleicht dem Verlust des Elsass und Lothringens) als vorläufig und vergänglich: selbst bei einer, sich aus der Alternativlosigkeit der gegenwärtigen Lage sich ergebenden, einstweilen erfolgenden Akzeptanz durch die Reichsregierung, sollten sie irgendwann wieder zurückgenommen werden. Was er also vermissen ließ, war die Bereitschaft der von ihm beschworenen evolutionären Tendenz der Gegenseite (allmählicher Abbau von einigen Versailler Regelungen) eine eigene deutsche evolutionäre Tendenz entgegen zu setzen.

Diese hätte praktisch so aussehen müssen, dass man sich zumindest mit einigen der Regelungen von 1919 nicht nur für den Moment sondern endgültig abfand. Um den Nachbarn die Ehrlichkeit dieses Sinneswandels glaubhaft zu machen, hätte man von deutscher Seite sodann in der Bevölkerung energisch dafür werben müssen mit einigen der Realitäten der Nachkriegsordnung seinen Frieden zu machen. So wiederum wäre auf Seite der Ex-Alliierten der Eindruck entstanden, dass Deutschland ebenso bereit war in einigen seiner zentralen Anliegen permanent (und nicht nur provisorisch) zurückzustecken wie sie selbst, bestimmte Unannehmlichkeiten permanent (und nicht nur provisorisch) auf sich zu nehmen bereit waren. Dem Verständigungsgedanken an sich stand Rheinbaben ausgesprochen wohlwollend gegenüber – auch wenn er sich gelegentlich für ein Auftrumpfen nach Außen aussprach, um so nach Innen eine integrative Wirkung zu erzielen. In der Organisation des Völkerbundes arbeitete er, wie die anderen deutschen Delegierten, zwar fleißig und von guten Absichten geleitet mit. Zugleich war er in seiner politischen Vorgehensweise zu sehr von der Fixierung auf eine Wiederaufrichtung deutscher Großmachtstellung preokkupiert, um die volle Bandbreite der Möglichkeiten der neuen Organisation zu erkennen. Anstatt in der internationalen Organisation eine internationale Politik zu betreiben, versuchte er, sie zur Verwirklichung nationaler Ziele zu benutzen. Dies kann man ihm *ex post* zum Vorwurf machen. Allerdings sollte man bedenken, dass er dieses Fehlverhalten und geistige Fehlleistung mit den meisten Delegierten aller Länder teilte. Im übrigen bleibt zu fragen, ob das Betreiben einer richtigen Politik innerhalb des Völkerbundes unter den gegebenen Voraussetzungen überhaupt möglich war.

Politisch sah Rheinbaben Deutschlands Zukunft zwar, wie Stresemann, im Westen, meinte aber zugleich, dass man so weit es eben gehen würde, nach beiden Richtungen, West wie Ost Politik machen sollte – und sei es nur, um die Politik mit dem Osten, d.h. Russland, als Hebel zu benutzten, um den Westen zu einer günstigeren Haltung zu veranlassen. Mit dem polnischen Nachbarn war er breit sich zu versöhnen, oder zumindest, sich „abzufinden", sofern dieser – spätestens nach der Wiedererlangung der deutschen Militärstärke – sich bereit fände, die „geraubten" Gebiete von 1919 (Westpreußen, Posen, Ostoberschlesien) zurückzugeben.

Für die Zukunft entscheidend hielt Rheinbaben stets ein gutes Verhältnis zu Großbritannien, mit dem um jeden Preis die Verständigung gesucht werden müsste. Der Krieg von 1914 und die Niederlage von 1918 war nach seiner Auffassung ein direktes Ergebnis des Versäumnisses gewesen, eine solche Verständigung herbeizuführen.

In Bezug auf Frankreich war Rheinbabens politische Analyse zwar richtig, jedoch mangelte ihm – getrübt durch seine Neigung zum einseitig deutschen Blick auf die Dinge – die Fähigkeit zur Emphase: Die starken Gefühlsmomente die von französischer Seite in die deutsch-französische Politik hineinspielten hat er scheinbar nie wirklich begreifen können. So war seine Überlegung, dass größere Zugeständnisse von Seiten der Franzosen im Gefolge der Locarnopolitik (frühere Räumung des Rheinlandes, früherer Reparationserlass, früheres rüstungsmäßiges Gleichziehen) der deutschen Außenpolitik und damit der Republik Auftrieb verliehen hätte rational richtig, die emotionale Unmöglichkeit aus französischer Sicht, Deutschland noch früher noch mehr zuzugestehen, war für Rheinbaben jedoch nie im Bereich des Verstehbaren. Der Gedanke, dass Deutschland in der Weise wie es Zugeständnisse routinemäßig einkassierte, ohne überzeugende Gesten der Ausgesöhntheit an den Tag zu legen, französische Betrachter erschrecken und an der Richtigkeit des Verständigungskurses zweifeln lassen musste, kam ihm nicht.

Die gleiche Restringenz des Denkens demonstrierte er in Frage der militärischen Gleichberechtigung: Die Tatsache, dass Deutschlands Stellung nach der englisch-italienischen Sicherheitsgarantie seiner Grenzen von 1925 in Locarno, und angesichts der Gesundung seiner Wirtschaft und seiner Bevölkerungszahl in den 1920er Jahren derart stark war, dass es – trotz geringer Truppenstärke und Ausrüstung – im Konfliktfall nichts zu befürchten hatte, kam ihm nie in den Sinn. Dass ein vollkommenes Gleichziehen längst keine Frage der Notwendigkeit und des Überlebens mehr war, erschloss sich ihm nicht.

Rheinbabens Ziele in der Außenpolitik waren nacheinander: Die Widerrufung des Kriegsschuldparagrafen des Versailler Vertrags, der Abzug der franko-belgischen Besatzungstruppen aus dem Rheinland, die Beseitigung der alliierten Reparationsforderungen, das Erreichen politischer und militärischer Gleichheit im Verhältnis zu den anderen europäischen Großmächten und schließlich die territoriale Revision der Friedensregelung von 1919. Die Abfolge dieser Ziele ergab sich schließlich aus einer kausalen Erwägung: Die französischen Truppen müssten abgezogen sein bevor man die Reparationsfrage anpackte, damit die Franzosen keine Möglichkeit mehr hätten, das Rheinland als „Geisel" zu nehmen und weitere deutsche Zahlungen durch ihre Kontrolle über dieses Gebiet zu erzwingen. Die militärische Gleichberechtigung war erst möglich, wenn man sich – eben durch die Abstreifung der Reparationszahlungen – wirtschaftlich erholt hatte. Und eine territoriale Revision konnte erst – friedlich – in Angriff genommen werden, wenn man militärisch derart aufgerüstet hatte, dass man aus einer Position der Stärke die Forderung nach einer Revision der Gebietsregelung stellen konnte.

Erreicht wurden diese Ziele letztlich alle – nach Rheinbabens Auffassung jedoch zu spät, um den Weimarer Staat zu erhalten und die radikalen Elemente im Schatten zu halten. Dabei muss Rheinbaben sich aus der Rückschau jedoch die Kritik gefallen lassen, die Kimmich Stresemann entgegenhält. Nämlich, dass er der eigenen Politik Schaden zufügte, „indem er die eigenen Leistungen aus taktischer Erwägung kleiner machte."[330] Anstatt erreichte Erfolge, wie die erste Teilräumung des Rheinlandes, auch als Erfolge zu feiern, anstatt sie öffentlichkeitswirksam zu inszenieren und so die Masse der Bevölkerung in eine Begeisterungsstimmung zu versetzten, verkaufte er diese unter Wert. In seinen Schriften und seinen öffentlichen Auftritten redete er das Erreichte klein und tat es lediglich als erste Schritte ab, die bedeutungslos seien, wenn ihnen nicht bestimmte weitere Schritte und Erfolge folgen würden, die dann die Bezeichnung Erfolg erst recht eigentlich verdienen würden. Um das Ausland mit der Unzufriedenheit der öffentlichen Meinung in Deutschland unter Druck setzen zu können, den gemachten Zugeständnisse weitere nachzuschieben, um die Deutschen zu befrieden, schürte er durch pessimistische Äußerungen in Wort und Schrift die Missstimmung. Anstatt sich mit Blick auf die Revisionspolitik monomanisch auf das Noch-Nicht-Erreichte zu konzentrieren hätte er dieses hinten an stellen sollen und das Erreichte in leuchtenderen Farben darstellen müssen – und seine Kollegen im Bereich der hohen Politik befeuern müssen es ihm gleich zu tun.

Die notorische Nörgelei über die politische Lage, selbst von pro-republikanischen, und pro-demokratisch gesinnten Politiker wie Rheinbaben, die sich „im Prinzip" für Frieden und Völkerversöhnung aussprachen, trug erheblich zur Vergiftung des politischen Klimas und zur Verdüsterung der Bewertung des Erreichten in der Wahrnehmung der Massen bei. Wie Tucholsky schrieb: Der Verlust von Danzig und der übrigen Ostgebiete hätte die Massen nicht so sehr gewurmt (hätte sie geistig kaum beschäftigt und wäre ihrem Gedächtnis über kurz oder lang weitgehend entschlummert), wenn ihnen die führenden Politiker nicht ständig mit dem Thema in den Ohren gelegen hätten. Die Art und Weise, wie Rheinbaben (bzw. führende Männer wie Rheinbaben in ihrer Masse) seine Rolle als Multiplikator der öffentlichen Meinung falsch und fehlerhaft einsetzte, um erreichte Erfolge in der Perzeption der Massen klein zu machen, anstatt sie weiter aufzubauschen, muss daher ebenso mit dafür verantwortlich gemacht werden, dass Weimar die Erfolge seiner Außenpolitik nicht selbst ernten konnte, wie das zu langsame Auf-Deutschland-Zukommen der ehemaligen Kriegsgegner, dass Rheinbaben nicht müde wurde anzuprangern. Die Kritik an dieser Verfehlung durch Unterlassung kann jedoch kein Einzelvorwurf an Rheinbabens Adresse

---

[330] Kimmich: *Germany*, S. 206.

sein. Viel mehr richtet sie sich stellvertretend an ihn in seiner Eigenschaft als Mann als Paradigma der Außenpolitik der Weimarer Republik, mit ihren Möglichkeiten, Grenzen. Leistungen und Versäumnissen, das darzustellen das Anliegen dieser Studie war.

Literaturverzeichnis

I. Archivalien

Nachlass „Werner von Rheinbaben", Bundesarchiv, Zweigstelle Koblenz (BAK), Nachlass (NL) Nr. 1237, 11 nummerierte Ordner. (aufgrund fehlender Dokumentennummerierungen innerhalb der Ordner behelfsmäßig ausgewiesen als „BAK/NL 01" bis „BAK/NL 11")

Nachlass „Werner von Rheinbaben", Politisches Archiv des Auswärtigen Amtes (PAdAA), 42 Dokumente. (ausgewiesen als „PAdAA 01" bis „PAdAA 42")

II. Gedruckte Quellen

Walter Bußmann (Hrsg.): „Akten zur Deutschen Auswärtigen Politik. 1918-1945", Göttingen 1950-1995.

III. Schriften Werner von Rheinbabens: (chronologisch)

Das Außenpolitische Programm der DVP, Vortrag, Halberstadt 1919.

„Die Außenpolitik der Volkspartei", in: *Europäische Gespräche*, 4. Jahrgang, 1926, S. 230ff.

„Politik der Großmächte", in: *Zeitschrift für Geopolitik*, 4. Jg., 1927, S. 1-6.

„Die Deutsche Formel", in: *Zeitschrift für Geopolitik*, 4. Jg., 1927, S. 100-107.

„Außenpolitik", in: Adolf Kempkes (Hrsg.): *Deutscher Aufbau. Nationalliberale Arbeit der Deutschen Volkspartei*, Berlin 1927, S. 68-83.

Von Versailles zur Freiheit: Weg und Ziel der Deutschen Außenpolitik, Hamburg 1927.

„Deutschland und Polen", in: *Europäische Gespräche*, 6. Jg., 1928, S. 17-21.

„Deutsche Außenpolitik", in: *Europäische Gespräche*, 6. Jg., 1928, S. 313ff.

„Europäische Zukunft", in: *Zeitschrift für Geopolitik*, 6. Jg., 1929, S. 353-360.

„Der Staatsmann Stresemann", in: *Zeitschrift für Geopolitik,* 6 Jg., 1929, S. 939-941.

Die zweite Nachkriegsepoche. Vom Dawesplan zum Haager Abkommen, Berlin 1930.

„Auftakt zur Abrüstungskonferenz", in: Otto Grantoff: *Deutsch-Französische Rundschau*, Berlin 1931, S. 398-416.

„Deutschland und Polen. Zwölf Thesen zur Revisionspolitik", in: *Europäische Gespräche* 9 (1931), Nr. 2, S. 83-99.

Genfer Abrüstungskonferenz - und was nun?: Der deutsche Kampf um Abrüstung und Gleichberechtigung, Berlin 1932.

„Die Reform des Völkerbundsekretariats", in: *Zeitschrift für Politik*, Jg. 22., 1932-1933. S. 510-517.

Der Englische Abrüstungsplan im Deutschen Urteil, s.l. 1933.

„Foreign Policy", in: Joachim von Ribbentrop (Hrsg.): *Germany Speaks. By 21 Leading Members of Party and State*, London 1938.

Englands Krieg um ein Neues Europa: Tatsachen und Probleme, Berlin 1939.

Unruhiges Europa: Eine Politische Umschau. Tatsachen und Probleme, (= Europa. Kräfte und Wirkungen, Bd. 3) Berlin 1939.

Die Entstehung des Krieges 1939, (= Schriften für Politik und Auslandskunde Nr. 49/50) Berlin 1940.

Kurzgefasste Politische Geschichte des Krieges 1939-42, Berlin 1942.

Der Großdeutsche Befreiungskrieg. Vorgeschichte, Verlauf, Siegeszuversicht, Berlin 1942.

Kurzgefasste politische Geschichte des Krieges, 1939-42, Berlin 1942.

Viermal Deutschland. Aus dem Erleben eines Seemanns, Diplomaten, Politikers 1895-1954, Berlin 1954.

Auf dem Monte Verità. Erinnerungen und Gedanken über Menschen, Zürich 1954.

Erlebte Zeitgeschichte, Hannover 1964.

Kaiser, Kanzler, Präsidenten. «Wie ich sie erlebte» 1895/1934, Mainz 1969.

IV. Nachschlagewerke

Anonymus: *Werner von Rheinbaben*, in: Reichshandbuch, Bd. 3, S. 1520f.

Anonymus: *Werner von Rheinbaben*, in: Biographisches Handbuch des Deutschen Auswärtigen Dienstes 1871-1945, Bd. 3.

Elz, Norbert: *Werner von Rheinbaben*, in: Hans Günter Hockert (Hrsg.): Neue Deutsche Biografie, Bd. 21, S. 488f..

V. Sekundärliteratur:

Bachofen, Maja: *Lord Robert Cecil und der Völkerbund*, Zürich 1959.

Baechler, Christian: *Gustav Stresemann (1878-1929). De l'Impérialsme à la Sécurité Collective*, Strassburg 1996.

Bauer, Otto: *Der Völkerbund*, Bielefeld 1929.

Bendiner, Elmer: *A Time for Angels. The Tragicomic History of the League of Nations*, London 1975.

Birkelund, John P.: *Gustav Stresemann. Patriot und Staatsmann. Eine Biografie*, Hamburg 2003.

Birn, Donald S.: *The League of Nations Union. Its Life and Times 1918-1945*, Oxford 1981.

Blum, Leon: *Ohne Abrüstung kein Friede*, Berlin 1931.

Bracher, Karl Dietrich/ Funke, Manfred/ Jacobsen, Hans-Adolf (Hrsg.): *Die Weimarer Republik 1918-1933. Politik, Wirtschaft, Gesellschaft*, Bonn 1988.

Breycha-Vauthier, Arthur C.: *Das Arbeitsmaterial des Völkerbundes. Führer durch seine Veröffentlichungen*, Berlin 1934.

Briand, Aristide: *Frankreich und Deutschland*, Dresden 1928.

Bülow, Bernhard W.: *Der Versailler Völkerbund. Eine vorläufige Bilanz*, Berlin 1923.

Clemenceau, Georges: *Der Tiger. Die Kriegsreden Georges Clemenceaus*, s.l. 1921.

Ders.: *France Facing Germany. Speeches and Articles*, London 1919.

Ders.: *Größe und Tragik eines Sieges*, Stuttgart 1930.

Demaitre, Edmund: *Eyewitness. A Journalist Covers the 20th Century*, New York 1981.

Dengg, Sören: *Deutschlands Austritt aus dem Völkerbund und Schachts "Neuer Plan" : zum Verhältnis von Außen- und Außenwirtschaftspolitik in der Übergangsphase von der Weimarer Republik zum Dritten Reich (1929 - 1934)*, Frankfurt a.M. 1986.

Deutsche Liga für den Völkerbund (Hrsg.): *Deutschland und der Völkerbund*, Berlin 1926.

Dexter, Byron: *The Years of Opportunity. The League of Nations, 1920-1926*, New York 1967.

Döhn, Lothar: *Politik und Interesse. Die Interessenstruktur der Deutschen Volkspartei*, Meisenheim am Glan 1970.

Fuchs, Günther/Henseke, Hans: *Clemenceau. Eine Politische Biographie*, Berlin 1983.

Fürstenberg, Hans: *Erinnerungen. Mein Weg als Bankier und Carl Fürstenbergs Altersjahre*, Düsseldorf 1967.

Geigenmüller, Ernst: *Briand. Tragik des großen Europäers*, Bonn 1959.

Giessler, Klaus-Volker: *Die Institution des Marineattachés im Kaiserreich*, Boppard am Rhein 1976.

Gorochov, Ivan: *Tschitscherin. Ein Diplomat Leninscher Schule*, Berlin 1976.

Haar, Ingo/ Fahlbusch, Michael (Hrsg.): *German Scholars and Ethnic Cleansing (1920-1945)*, New York 2005.

Herriot, Adouard: *Vereinigte Staaten von Europa*, Leipzig 1930.

Hirsch; Felix: *Stresemann. Ein Lebensbild*, Göttingen 1978.

Jäckh, Ernst: *Die Politik Deutschlands im Völkerbund*, Genf 1932.

Keiger, John F.V.: *Raymond Poincaré*, Cambridge 1997.

Kempkes, Adolf (Hrsg.): *Deutscher Aufbau. Nationalliberale Arbeit der Deutschen Volkspartei*, Berlin 1927.

Kessler, Harry Graf: *Tagebücher 1918-1937*, Frankfurt 1961.

Kimmich, Christoph M.: *Germany and the League of Nations*, Chicago 1976.

Kolb, Eberhardt (Hrsg.): *Nationalliberalismus in der Weimarer Republik. Die Führungsgremien der Deutschen Volkspartei 1918-1933*, 2 Bde., Düsseldorf 1999.

League of Nations (Hrsg.): *Kleines Handbuch des Völkerbundes*, Genf 1939.

Mlynarczyk, Gertrud: *Ein Franziskanerinnenkloster im 15. Jahrhundert. Edition und Analyse von Besitzinventaren aus der Abtei Longchamp*, (= Pariser historische Studien Bd. 23), Bonn 1987.

Müller, Guido: *Europäische Gesellschaftsbeziehungen nach dem Ersten Weltkrieg. Das Deutsch-Französische Studienkomitee und der Europäischer Kulturbund*, München 2005.

Nadolny, Rudolf: *Mein Beitrag. Erinnerungen eines Botschafters des Deutschen Reiches*, Köln 1985.

Oeri, Albert: *Zehn Jahre Völkerbund*, Glarus 1930.

Ostrower, Gary B.: *The League of Nations from 1919 to 1929*, Garden City Park 1995.

Pfeil, Alfred: D*er Völkerbund. Literaturbericht und Kritische Darstellung seiner Geschichte*, Darmstadt 1978.

Plehwe, Friedrich-Karl von: *Reichskanzler Kurt von Schleicher. Weimars Letzte Chance gegen Hitler*, Esslingen 1983.

Pohl, Karl Heinrich (Hrsg.): *Politiker und Bürger. Gustav Stresemann und seine Zeit,* Göttingen 2002.

Poincaré, Raymond: *Der Ausbruch der Katastrophe,* (= Memoiren, Bd. 2), Dresden 1929.

Rauschning, Hermann: *Makers of Destruction – Meetings and Talks in Revolutionary Germany,* London 1942.

Rheinbaben, Rochus von: *Stresemann. Der Mensch und der Staatsmann. Die Biographie, an der er Selbst noch Mitgewirkt hat,* Dresden 1930.

Ders.: *Gustav Stresemann. Reden und Schriften,* Bd. 1, Dresden 1926.

Sass, Johannes: *Die Siebenundzwanzig Deutschen Parteien 1930 und ihre Ziele,* Hamburg 1930.

Scheidel, Josef: *Gustav Stresemann. Festschrift zur Wiedererrichtung des Stresemann-Ehrenmals in Mainz am 16.10.1960,* Mainz 1960.

Schmidt, Richard/ Grabowsky, Adolf (Hrsg.): *Deutschlands Kampf um Gleichberechtigung. Tatsachen und Probleme der Verhandlungen über Abrüstung und Gleichberechtigung 1933/1934,* Berlin 1934.

Schmid-Ammann, Paul: *Das Rätsel Deutschland,* Zürich 1936.

Schot, Bastiaan: *Stresemann, der Deutsche Osten und der Völkerbund,* Wiesbaden 1984.

Scott, George: *The Rise and Fall of the League of Nations,* London 1973.

Sharma, Shiva-Kumar: *Der Völkerbund und die Großmächte. Ein Beitrag zur Geschichte der Völkerbundpolitik Großbritanniens, Frankreichs und Deutschlands 1929 – 1933,* Frankfurt a.M. 1978.

Siebert, Ferdinand: *Aristide Briand 1862-1932. Ein Staatsmann zwischen Frankreich und Europa,* 1973.

Spenz, Jürgen: *Die Diplomatische Vorgeschichte des Beitritts Deutschlands zum Völkerbund. 1924 – 1926. Ein Beitrag zur Außenpolitik der Weimarer Republik,* Göttingen 1966.

Stresemann, Gustav: *Wirtschaftspolitische Zeitfragen,* Dresden 1911.

Stresemann, Wolfgang: *Mein Vater Gustav Stresemann,* München 1979.

Thimme, Anneliese: *Gustav Stresemann. Eine Politische Biografie zur Geschichte der Weimarer Republik,* Hannover 1957.

Thimme, Roland: *Stresemann und die Deutsche Volkspartei 1923-1925,* Lübeck 1961.

Treue, Wolfgang: *Deutsche Parteiprogramme 1861-1961,* Göttingen 1961.

Truckenbrodt, Walter: *Deutschland und der Völkerbund. Die Behandlung reichsdeutscher*

Angelegenheiten im Völkerbundsrat von 1920 – 1939, Essen 1941.

Turner, Henry Ashby: *Stresemann – Republikaner aus Vernunft*, Berlin 1968.

Walters78, Francis P.: *A History of the League of Nations*, London 1965.

Widenmann, Wilhelm: *Marineattaché an der Kaiserlich-Deutschen Botschaft in London*, Göttingen 1952.

Wintzer, Joachim: *Deutschland und der Völkerbund 1918 – 1926*, Paderborn 2006.

Wright, Jonathan: *Gustav Stresemann. Weimar's Greatest Statesman*, Oxford 2002.

Ders,: *Gustav Stresemann. 1878-1929. Weimars Größter Staatsmann*, München 2006.